VENDA DE BENS DE CONSUMO

Decreto-Lei n.° 67/2003, de 8 de Abril
(alterado pelo Decreto-Lei n.° 84/2008, de 21 de Maio)

Directiva 1999/44/CE

COMENTÁRIO

DO AUTOR:

- *Sanção Pecuniária Compulsória* (art. 829.°-A do Código Civil), in "Bol. Min. Justiça", n.° 359.
- *Direitos de Autor, Cláusula Penal e Sanção Pecuniária Compulsória*, in "Rev. Ordem dos Advogados", ano 47 (1987).
- *Protecção do Consumidor*, in "Direito das Empresas" (Coordenação de Diogo Leite de Campos), INA, 1990, p. 113 e segs.
- *Cumprimento e Sanção Pecuniária Compulsória*, 4.ª ed, Coimbra, 2002.
- *Dos Efeitos da Falência sobre Garantias de Dívidas de Terceiro*, in "Ab Uno ad Omnes" – 75 anos da Coimbra Editora, 1998.
- *Responsabilidade Civil do Produtor*, Coimbra, 1999.
- *Euro e Direito*, Coimbra, 1999.
- *Estudos de Direito Civil e Processo Civil*, Coimbra, 1999.
- *Estudos de Direito Comercial*, Coimbra, 1999.
- *Aplicação da Lei n.° 23/96 ao Serviço Móvel de Telefone e Natureza Extintiva da Prescrição Referida no seu art. 10.°*, in "Revista de Legislação e de Jurisprudência", ano 132, p. 133 e segs.
- *Vício de Forma e Abuso do Direito*, in "Revista de Legislação e de Jurisprudência", ano 132, p. 256 e segs.
- *Seguro-Caução: Protocolo como Contrato-Quadro e Circunstância Atendível para a Interpretação da Apólice*, in "Revista de Legislação e de Jurisprudência", ano 132, p. 345 e segs.
- *Contratos Coligados, Venda em Garantia e Promessa de Revenda*, in "Revista de Legislação e de Jurisprudência", ano 133, p. 66 e segs.
- *Ilegitimidade da Comissão de Trabalhadores para Acções Exercidas no Interesse Colectivo ou Difuso dos Trabalhadores*, in "Revista de Legislação e de Jurisprudência", ano 133, p. 141 e segs.
- *Venda CIF: Carta-partida, Conhecimento de Embarque e Seguro de Carga*, in "Revista de Legislação e de Jurisprudência", ano 133, p. 189 e segs.
- *Comunicação de Trespasse ao Senhorio e Modificabilidade da Decisão de Facto pela Relação*, in "Revista de Legislação e de Jurisprudência", ano 133, p. 276 e segs.
- *Empréstimo Cristal: Crédito ao Investimento Sindicado por Tranches Afectadas em Leilão*, in "Revista de Legislação e de Jurisprudência", ano 133, p. 319 e segs.
- *Tradição da Coisa e Indemnização Alternativa por Incumprimento de Promessa Sinalizada*, in "Revista de Legislação e de Jurisprudência", ano 133, p. 363.
- *Aplicabilidade de Sanção Pecuniária Compulsória em Processo Executivo*, in "Revista de Legislação e de Jurisprudência", ano 134, p. 40 e segs.
- *Acidentes de Viação: Concorrência do Risco com a Culpa do Lesado (art. 505.°); Limites Máximos da Responsabilidade Objectiva (art. 508.°) e Montantes Mínimos Obrigatórios do Seguro; Indemnização e Juros de Mora (arts. 566.°, n.° 2, e 805.°, n.° 3)*, in "Revista de Legislação e de jurisprudência", ano 134, p. 102 e segs.
- *Revogação Parcial e Actualização do art. 508.° do Código Civil pelo art. 6.° do Decreto-Lei n.° 522/85; a Natureza Material de Direito da Responsabilidade Civil do art. 8.°, n.° 2, do Decreto-Lei n.° 522/85 e o art. 503.° do Código Civil, em Caso de Furto ou Roubo de Automóvel*, in "Revista de Legislação e de Jurisprudência", ano 134, p. 192 e segs.
- *Colisão de Navios de Alto Mar: Fundo de Limitação de Responsabilidade, Crédito de Regresso e Juros*, in "Revista de Legislação e de Jurisprudência", ano 134, p. 235 e segs.
- *Bicentenário do Code Civil (OCódigo Civil e a Europa: Influências e Modernidade)*, in "Revista de Legislação e de Jurisprudência", ano 134, p. 267 e segs.
- *As Presunções Judiciais e os arts. 712.°, 722.° e 729.° do Código de Processo Civil*, in "Revista de Legislação e de Jurisprudência", ano 135, p. 113 e segs.
- *Corporate Governance. Responsabilidade Civil de Administradores Não Executivos, da Comissão de Auditoria e do Conselho Geral e de Supervisão*, in "Revista de Legislação e de Jurisprudência", ano 136, p. 31 e segs.
- *Apólice Vida Risco – Crédito Habitação: as Pessoas com Deficiência ou Risco Agravado de Saúde e o Princípio de Igualdade na Lei n.° 46/2006*, in "Revista de Legislação e de Jurisprudência", ano 136, p. 158 e segs.;
- *Direito de Cumprimento Antecipado do Contrato pelo Mutuário de Crédito à Habitação: da Auto-Regulação no Decreto-Lei n.° 349/98 à Hetero-Regulação Impositiva pelo Decreto-Lei n.° 51/2007;* in "Revista de Legislação e de Jurisprudência", ano 136, p. 265 e segs.;
- *Centro Comerciais: Atipicidade e Validade das Cláusulas Gerais Comuns*, in "Revista de Legislação e de Jurisprudência", ano 136, (Julho-Agosto de 2007), p. 329 e segs.
- *Concorrência entre Risco do Veículo e Facto do Lesado: o Virar de Página?*, in "Revista de Legislação e de Jurisprudência", ano 137 (Setembro-Outubro de 2007), p. 35 e segs.
- *Mandato de Crédito e Carta de Conforto*, "Estudos em Homenagem ao Professor Doutor Inocêncio Galvão Telles". vol. II, Coimbra, 2002.
- *Responsabilidade Bancária por Transferências de Créditos*, in "Estudos em Homenagem à Professora Doutora Isabel Magalhães Collaço", Coimbra 2002.
- *Estudos Jurídicos*, Coimbra, 2001.
- *Direito Bancário*, Coimbra, 2002.
- *Sinal e Contrato-Promessa*, 12.ª ed., Coimbra, 2007.
- *Compra e Venda de Coisas Defeituosas*, 4.ª ed., Coimbra, 2006.
- *Venda de Bens de Consumo*, 3.ª ed., Coimbra, 2006.
- *Titul[ariz]ação de Créditos* e *Securitization*, 2.ª ed., Coimbra, 2005.
- *A Publicidade na Formação do Contrato*, in "Comemorações dos 35 anos do Código Civil e dos 25 anos do Regime de 1977 (Parte Geral)", p. 687 e segs.
- *Inadimplemento das Obrigações*, in "Comemorações dos 35 anos do Código Civil e dos 25 anos do Regime de 1977 (Direito das Obrigações)".
- *Convenção de Arbitragem. Algumas notas*, in "Homenagem ao Professor Doutor Inocêncio Galvão Telles – 90 Anos", 2007, p. 533 e segs.
- *Sociedade Gestora de Participações Sociais (Holding')* in "A Evolução do Direito no Século XXI – Estudos em Homenagem Professor Doutor Arnoldo Wald", Almedina 2007, p. 187 e segs.
- *Banca, Bolsa e Seguros. Direito Europeu e Português*, Tomo I, 2.ª ed. *Parte geral*, Coimbra, 2007.

JOÃO CALVÃO DA SILVA
Professor Catedrático da Faculdade de Direito de Coimbra

VENDA DE BENS DE CONSUMO

Decreto-Lei n.° 67/2003, de 8 de Abril

(alterado pelo Decreto-Lei n.° 84/2008, de 21 de Maio)

Directiva 1999/44/CE

COMENTÁRIO

4.ª edição – Revista, aumentada e actualizada

ALMEDINA

VENDA DE BENS DE CONSUMO

AUTOR
JOÃO CALVÃO DA SILVA

EDITOR
EDIÇÕES ALMEDINA, SA
Av. Fernão Magalhães, n.º 584, 5.º Andar
3000-174 Coimbra
Tel.: 239 851 904
Fax: 239 851 901
www.almedina.net
editora@almedina.net

PRÉ-IMPRESSÃO | IMPRESSÃO | ACABAMENTO
G.C. – GRÁFICA DE COIMBRA, LDA.
Palheira – Assafarge
3001-453 Coimbra
producao@graficadecoimbra.pt

Maio, 2010

DEPÓSITO LEGAL
311233/10

Biblioteca Nacional de Portugal – Catalogação na Publicação

PORTUGAL. Leis, decretos, etc.

Venda de bens de consumo : Decreto-lei nº 67/2003,
de 8 de Abril / coment. João Calvão da Silva. – 4ª ed.,
rev., aument. e actualiz. – (Lei anotada)
ISBN 978-972-40-4244-2

I – SILVA, Calvão da, 1952-

CDU 347
366

Aos meus alunos

PRESIDÊNCIA DO CONSELHO DE MINISTROS

Decreto-Lei n.° 67/2003, de 8 de Abril

Importa proceder à transposição para o ordenamento jurídico português da Directiva n.° 1999/44/CE, do Parlamento Europeu e do Conselho, de 25 de Maio, que tem por objectivo a aproximação das disposições dos Estados membros da União Europeia sobre certos aspectos da venda de bens de consumo e das garantias a ela relativas.

O presente diploma procede a tal transposição através da aprovação de um novo regime jurídico para a conformidade dos bens móveis com o respectivo contrato de compra e venda, celebrado entre profissional e vendedor*.

O regime jurídico aprovado respeita as exigências da referida Directiva n.° 1999/44/CE. Entre as principais inovações, há que referir a adopção expressa da noção de conformidade com o contrato, que se presume não verificada sempre que ocorrer algum dos factos descritos no regime agora aprovado.

É equiparada à falta de conformidade a má instalação da coisa realizada pelo vendedor ou sob sua responsabilidade, ou resultante de incorrecção das respectivas instruções.

Para a determinação da falta de conformidade com o contrato releva o momento da entrega da coisa ao consumidor, prevendo-se,

---

* A gralha é óbvia: onde se lê vendedor deve ler-se consumidor.

porém, que as faltas de conformidade que se manifestem num prazo de dois ou cinco anos a contar da data de entrega de coisa móvel ou de coisa imóvel, respectivamente, se consideram já existentes nessa data.

Preocupação central que se procurou ter sempre em vista foi a de evitar que a transposição da directiva pudesse ter como consequência a diminuição do nível de protecção já hoje reconhecido entre nós ao consumidor. Assim, as soluções actualmente previstas na Lei n.° 24/96, de 31 de Julho, mantêm-se, designadamente o conjunto de direitos reconhecidos ao comprador em caso de existência de defeitos na coisa.

No que diz respeito aos prazos, prevê-se um prazo de garantia, que é o lapso de tempo durante o qual, manifestando-se alguma falta de conformidade, poderá o consumidor exercer os direitos que lhe são reconhecidos. Tal prazo é fixado em dois e cinco anos a contar da recepção da coisa pelo consumidor, consoante a coisa vendida seja móvel ou imóvel.

Mantém-se a obrigação do consumidor de denunciar o defeito ao vendedor, alterando-se o prazo de denúncia para dois meses a contar do conhecimento, no caso de venda de coisa móvel.

Este regime de protecção do consumidor mantém-se imperativo, permitindo-se, porém, que, em caso de venda de coisa móvel usada ao consumidor, o prazo de dois anos seja reduzido a um ano por acordo das partes.

Adoptam-se, ainda, pela primeira vez, medidas jurídicas relativas às «garantias» voluntariamente oferecidas pelo vendedor, pelo fabricante ou por qualquer intermediário, no sentido de reembolsar o preço pago, substituir, reparar ou ocupar-se de qualquer modo da coisa defeituosa, estabelecendo-se o efeito vinculativo de tais declarações.

Inovação bastante significativa consiste na consagração da responsabilidade directa do produtor perante o consumidor, pela reparação ou substituição de coisa defeituosa. Trata-se, nesta solução, tão-só de estender ao domínio da qualidade a responsabilidade do produtor pelos defeitos de segurança, já hoje prevista no Decreto-

-Lei n.° 383/89, de 6 de Novembro, com um regime de protecção do comprador que já existe em vários países europeus e para que a directiva que ora se transpõe também já aponta.

Por último, atribui-se ao profissional que tenha satisfeito ao consumidor um dos direitos previstos em caso de falta de conformidade da coisa com o contrato (bem como à pessoa contra quem foi exercido o direito de regresso) o direito de regresso contra o profissional que lhe vendeu a coisa, por todos os prejuízos causados pelo exercício daqueles direitos. Tal direito de regresso só poderá ser excluído ou limitado antecipadamente desde que seja atribuída ao seu titular compensação adequada.

Foi ouvido o Conselho Nacional do Consumo.

Assim: Nos termos da alínea a) do n.° 1 do artigo 198.° da Constituição, o Governo decreta, para valer como lei geral da República, o seguinte:

Artigos inseridos no local próprio..............................

....

MINISTÉRIO DA ECONOMIA E DA INOVAÇÃO

Decreto-Lei n.° 84/2008, de 21 de Maio

O Decreto-Lei n.° 67/2003, de 8 de Abril, transpôs para o ordenamento jurídico interno a Directiva n.° 1999/44/CE, do Parlamento Europeu e do Conselho, de 25 de Maio, relativa a certos aspectos da venda de bens de consumo e das garantias a ela relativas.

Foi, então, estabelecido um conjunto de regras que disciplinam o regime das garantias, legais e voluntárias, que tem contribuído para o reforço dos direitos dos consumidores nesta matéria.

Decorridos cinco anos sobre a entrada em vigor daquele decreto-lei considera-se necessário introduzir novas regras que permitam ajustar o regime à realidade do mercado e colmatar as deficiências que a aplicação daquele diploma revelou.

Assim, fazendo uso da prerrogativa conferida pelo artigo 8.° da Directiva n.° 1999/44/CE, do Parlamento Europeu e do Conselho, de 25 de Maio, entendeu-se dever estabelecer um prazo limite de 30 dias para a realização das operações de reparação ou de substituição de um bem móvel, dado que a ausência de regulamentação actual tem tido como consequência o prolongamento, por um tempo excessivo, das operações de substituição e de reparação pouco complexas.

Estabelece-se, também, um novo prazo de dois e de três anos a contar da data da denúncia, conforme se trate, respectivamente, de um bem móvel ou imóvel, para a caducidade dos direitos dos consumidores. Esta diferenciação de prazos justifica-se atendendo ao bem em causa e à complexidade de preparação de uma acção judicial consoante se trate de um bem móvel ou imóvel. O decreto-lei estabelece, ainda, um prazo de dois ou de cinco anos de garantia para o bem sucedâneo, substituto, do bem desconforme se se tratar, respectivamente, de um bem móvel ou imóvel e consagra a transmissão dos direitos conferidos pela garantia aos terceiros adquirentes do bem.

É, também, instituído um regime sancionatório adequado e dissuasor competindo à Autoridade de Segurança Alimentar e Económica a fiscalização da aplicação do decreto-lei.

Foram ouvidos os órgãos de governo próprio das Regiões Autónomas.

Foi promovida a audição do Conselho Nacional do Consumo. Foram ouvidos, a título facultativo, a Associação Portuguesa para a Defesa do Consumidor, a União Geral de Consumidores, a Associação de Consumidores da Região dos Açores, a Federação Nacional das Cooperativas de Consumidores, a Associação de Consumidores dos Media e a Confederação do Comércio e Serviços de Portugal.

Assim:

Nos termos da alínea *a*) do n.° 1 do artigo 198.° da Constituição, o Governo decreta o seguinte:

ARTIGO 1.°
Alteração ao Decreto-Lei n.° 67/2003, de 8 de Abril

Os artigos 1.°, 4.°, 5.°, 6.°, 9.° e 12.° do Decreto-Lei n.° 67/ /2003, de 8 de Abril, passam a ter a seguinte redacção:

Alterações introduzidas no local.

Artigo 2.°
Aditamento ao Decreto-Lei n.° 67/2003, de 8 de Abril

São aditados ao Decreto-Lei n.° 67/2003, de 8 de Abril, os artigos 1.°-A, 1.°-B, 5.°-A, 12.°-A, 12.°-B e 12.°-C com a seguinte redacção:

Aditamentos inseridos no local próprio.

Artigo 3.°
Norma revogatória

São revogados o n.° 2 do artigo 1.°, os n.os 3, 4 e 5 do artigo 5.°, os n.os 4 e 5 do artigo 6.° e o n.° 1 do artigo 9.° do Decreto-Lei n.° 67/2003, de 8 de Abril.

Artigo 4.°
Republicação

É republicado, em anexo ao presente decreto-lei, do qual faz parte integrante, o Decreto-Lei n.° 67/2003, de 8 de Abril, com a redacção actual.

Artigo 5.°
Entrada em vigor

O presente decreto-lei entra em vigor 30 dias após a data da sua publicação.

Visto e aprovado em Conselho de Ministros de 20 de Março de 2008. — *José Sócrates Carvalho Pinto de Sousa — Luís Filipe*

Marques Amado — João Tiago Valente Almeida da Silveira — Manuel António Gomes de Almeida de Pinho — Mário Lino Soares Correia.

Promulgado em 6 de Maio de 2008.

Publique-se.

O Presidente da República, ANÍBAL CAVACO SILVA.

Referendado em 8 de Maio de 2008.

O Primeiro-Ministro, *José Sócrates Carvalho Pinto de Sousa.*

ANEXO AO DECRETO-LEI N.° 84/2008
(republicação do Decreto-Lei n.° 67/2003, de 8 de Abril)

ARTIGO 1.°
Objecto

1 – O presente decreto-lei procede à transposição para o direito interno da Directiva n.° 1999/44/CE, do Parlamento Europeu e do Conselho, de 25 de Maio, relativa a certos aspectos da venda de bens de consumo e das garantias a ela relativas, com vista a assegurar a protecção dos interesses dos consumidores.

2 – *(Revogado pelo Decreto-Lei n.° 84/2008, de 21 de Maio.)*

ARTIGO 1.°-A
Âmbito de aplicação

1 – O presente decreto-lei é aplicável aos contratos de compra e venda celebrados entre profissionais e consumidores.

2 – O presente decreto-lei é, ainda, aplicável, com as necessárias adaptações, aos bens de consumo fornecidos no âmbito de um contrato de empreitada ou de outra prestação de serviços, bem como à locação de bens de consumo.

Artigo 1.º-B
Definições

Para efeitos de aplicação do disposto no presente decreto-lei, entende-se por:

a) «Consumidor», aquele a quem sejam fornecidos bens, prestados serviços ou transmitidos quaisquer direitos, destinados a uso não profissional, por pessoa que exerça com carácter profissional uma actividade económica que vise a obtenção de benefícios, nos termos do n.º 1 do artigo 2.º da Lei n.º 24/96, de 31 de Julho;

b) «Bem de consumo», qualquer bem imóvel ou móvel corpóreo, incluindo os bens em segunda mão;

c) «Vendedor», qualquer pessoa singular ou colectiva que, ao abrigo de um contrato, vende bens de consumo no âmbito da sua actividade profissional;

d) «Produtor», o fabricante de um bem de consumo, o importador do bem de consumo no território da Comunidade Europeia ou qualquer outra pessoa que se apresente como produtor através da indicação do seu nome, marca ou outro sinal identificador no produto;

e) «Representante do produtor», qualquer pessoa singular ou colectiva que actue na qualidade de distribuidor comercial do produtor e ou centro autorizado de serviço pós-venda, à excepção dos vendedores independentes que actuem apenas na qualidade de retalhistas;

f) «Garantia legal», qualquer compromisso ou declaração assumido por um vendedor ou por um produtor perante o consumidor, sem encargos adicionais para este, de reembolsar o preço pago, substituir, reparar ou ocupar-se de qualquer modo de um bem de consumo, no caso de este não corresponder às condições enumeradas na declaração de garantia ou na respectiva publicidade;

g) «Garantia voluntária», qualquer compromisso ou declaração, de carácter gratuito ou oneroso, assumido por um vendedor, por um produtor ou por qualquer intermediário perante o consumidor, de reembolsar o preço pago, substituir, reparar ou ocupar-se de qualquer modo de um bem de consumo, no caso de este não corresponder às condições enumeradas na declaração de garantia ou na respectiva publicidade;

h) «Reparação», em caso de falta de conformidade do bem, a reposição do bem de consumo em conformidade com o contrato.

Artigo 2.°
Conformidade com o contrato

1 – O vendedor tem o dever de entregar ao consumidor bens que sejam conformes com o contrato de compra e venda.

2 – Presume-se que os bens de consumo não são conformes com o contrato se se verificar algum dos seguintes factos:

a) Não serem conformes com a descrição que deles é feita pelo vendedor ou não possuírem as qualidades do bem que o vendedor tenha apresentado ao consumidor como amostra ou modelo;

b) Não serem adequados ao uso específico para o qual o consumidor os destine e do qual tenha informado o vendedor quando celebrou o contrato e que o mesmo tenha aceitado;

c) Não serem adequados às utilizações habitualmente dadas aos bens do mesmo tipo;

d) Não apresentarem as qualidades e o desempenho habituais nos bens do mesmo tipo e que o consumidor pode razoavelmente esperar, atendendo à natureza do bem e, eventualmente, às declarações públicas sobre as suas características concretas feitas pelo vendedor, pelo produtor ou pelo seu representante, nomeadamente na publicidade ou na rotulagem.

3 – Não se considera existir falta de conformidade, na acepção do presente artigo, se, no momento em que for celebrado o contrato,

o consumidor tiver conhecimento dessa falta de conformidade ou não puder razoavelmente ignorá-la ou se esta decorrer dos materiais fornecidos pelo consumidor.

4 – A falta de conformidade resultante de má instalação do bem de consumo é equiparada a uma falta de conformidade do bem, quando a instalação fizer parte do contrato de compra e venda e tiver sido efectuada pelo vendedor, ou sob sua responsabilidade, ou quando o produto, que se prevê que seja instalado pelo consumidor, for instalado pelo consumidor e a má instalação se dever a incorrecções existentes nas instruções de montagem.

Artigo 3.°
Entrega do bem

1 – O vendedor responde perante o consumidor por qualquer falta de conformidade que exista no momento em que o bem lhe é entregue.

2 – As faltas de conformidade que se manifestem num prazo de dois ou de cinco anos a contar da data de entrega de coisa móvel corpórea ou de coisa imóvel, respectivamente, presumem-se existentes já nessa data, salvo quando tal for incompatível com a natureza da coisa ou com as características da falta de conformidade.

Artigo 4.°
Direitos do consumidor

1 – Em caso de falta de conformidade do bem com o contrato, o consumidor tem direito a que esta seja reposta sem encargos, por meio de reparação ou de substituição, à redução adequada do preço ou à resolução do contrato.

2 – Tratando-se de um bem imóvel, a reparação ou a substituição devem ser realizadas dentro de um prazo razoável, tendo em conta a natureza do defeito, e tratando-se de um bem móvel, num

prazo máximo de 30 dias, em ambos os casos sem grave inconveniente para o consumidor.

3 – A expressão «sem encargos», utilizada no n.° 1, reporta-se às despesas necessárias para repor o bem em conformidade com o contrato, incluindo, designadamente, as despesas de transporte, de mão-de-obra e material.

4 – Os direitos de resolução do contrato e de redução do preço podem ser exercidos mesmo que a coisa tenha perecido ou se tenha deteriorado por motivo não imputável ao comprador.

5 – O consumidor pode exercer qualquer dos direitos referidos nos números anteriores, salvo se tal se manifestar impossível ou constituir abuso de direito, nos termos gerais.

6 – Os direitos atribuídos pelo presente artigo transmitem-se a terceiro adquirente do bem.

ARTIGO 5.°
Prazo da garantia

1 – O consumidor pode exercer os direitos previstos no artigo anterior quando a falta de conformidade se manifestar dentro de um prazo de dois ou de cinco anos a contar da entrega do bem, consoante se trate, respectivamente, de coisa móvel ou imóvel.

2 – Tratando-se de coisa móvel usada, o prazo previsto no número anterior pode ser reduzido a um ano, por acordo das partes.

3 – *(Revogado pelo Decreto-Lei n.° 84/2008, de 21 de Maio.)*

4 – *(Revogado pelo Decreto-Lei n.° 84/2008, de 21 de Maio.)*

5 – *(Revogado pelo Decreto-Lei n.° 84/2008, de 21 de Maio.)*

6 – Havendo substituição do bem, o bem sucedâneo goza de um prazo de garantia de dois ou de cinco anos a contar da data da sua entrega, conforme se trate, respectivamente, de bem móvel ou imóvel.

7 – O prazo referido no n.° 1 suspende-se, a partir da data da denúncia, durante o período em que o consumidor estiver privado do uso dos bens.

Artigo 5.°-A
Prazo para exercício de direitos

1 – Os direitos atribuídos ao consumidor nos termos do artigo 4.° caducam no termo de qualquer dos prazos referidos no artigo anterior e na ausência de denúncia da desconformidade pelo consumidor, sem prejuízo do disposto nos números seguintes.

2 – Para exercer os seus direitos, o consumidor deve denunciar ao vendedor a falta de conformidade num prazo de dois meses, caso se trate de bem móvel, ou de um ano, se se tratar de bem imóvel, a contar da data em que a tenha detectado.

3 – Caso o consumidor tenha efectuado a denúncia da desconformidade, tratando-se de bem móvel, os direitos atribuídos ao consumidor nos termos do artigo 4.° caducam decorridos dois anos a contar da data da denúncia e, tratando-se de bem imóvel, no prazo de três anos a contar desta mesma data.

4 – O prazo referido no número anterior suspende-se durante o período em que o consumidor estiver privado do uso dos bens com o objectivo de realização das operações de reparação ou substituição, bem como durante o período em que durar a tentativa de resolução extrajudicial do conflito de consumo que opõe o consumidor ao vendedor ou ao produtor, com excepção da arbitragem.

5 – A tentativa de resolução extrajudicial do litígio inicia-se com a ocorrência de um dos seguintes factos:

a) As partes acordem no sentido de submeter o conflito a mediação ou conciliação;

b) A mediação ou a conciliação seja determinada no âmbito de processo judicial;

c) Se constitua a obrigação de recorrer à mediação ou conciliação.

ARTIGO 6.º
Responsabilidade directa do produtor

1 – Sem prejuízo dos direitos que lhe assistem perante o vendedor, o consumidor que tenha adquirido coisa defeituosa pode optar por exigir do produtor a sua reparação ou substituição, salvo se tal se manifestar impossível ou desproporcionado tendo em conta o valor que o bem teria se não existisse falta de conformidade, a importância desta e a possibilidade de a solução alternativa ser concretizada sem grave inconveniente para o consumidor.

2 – O produtor pode opor-se ao exercício dos direitos pelo consumidor verificando-se qualquer dos seguintes factos:

a) Resultar o defeito exclusivamente de declarações do vendedor sobre a coisa e sua utilização, ou de má utilização;
b) Não ter colocado a coisa em circulação;
c) Poder considerar-se, tendo em conta as circunstâncias, que o defeito não existia no momento em que colocou a coisa em circulação;
d) Não ter fabricado a coisa nem para venda nem para qualquer outra forma de distribuição com fins lucrativos, ou não a ter fabricado ou distribuído no quadro da sua actividade profissional;
e) Terem decorrido mais de 10 anos sobre a colocação da coisa em circulação.

3 – O representante do produtor na zona de domicílio do consumidor é solidariamente responsável com o produtor perante o consumidor, sendo-lhe igualmente aplicável o n.º 2 do presente artigo.

4 – *(Revogado pelo Decreto-Lei n.º 84/2008, de 21 de Maio.)*

5 – *(Revogado pelo Decreto-Lei n.º 84/2008, de 21 de Maio.)*

ARTIGO 7.º
Direito de regresso

1 – O vendedor que tenha satisfeito ao consumidor um dos direitos previsto no artigo 4.º bem como a pessoa contra quem foi

exercido o direito de regresso gozam de direito de regresso contra o profissional a quem adquiriram a coisa, por todos os prejuízos causados pelo exercício daqueles direitos.

2 – O disposto no n.° 2 do artigo 3.° aproveita também ao titular do direito de regresso, contando-se o respectivo prazo a partir da entrega ao consumidor.

3 – O demandado pode afastar o direito de regresso provando que o defeito não existia quando entregou a coisa ou, se o defeito for posterior à entrega, que não foi causado por si.

4 – Sem prejuízo do regime das cláusulas contratuais gerais, o acordo pelo qual se exclua ou limite antecipadamente o exercício do direito de regresso só produz efeitos se for atribuída ao seu titular uma compensação adequada.

Artigo 8.°
Exercício do direito de regresso

1 – O profissional pode exercer o direito de regresso na própria acção interposta pelo consumidor, aplicando artigo 329.° do Código de Processo Civil.

2 – O profissional goza do direito previsto no artigo anterior durante cinco anos a contar da entrega da coisa pelo profissional demandado.

3 – O profissional deve exercer o seu direito no prazo de dois meses a contar da data da satisfação do direito ao consumidor.

4 – O prazo previsto no n.° 2 suspende-se durante o processo em que o vendedor final seja parte.

Artigo 9.°
Garantias voluntárias

1 – *(Revogado pelo Decreto-Lei n.° 84/2008, de 21 de Maio.)*

2 – A declaração de garantia deve ser entregue ao consumidor

por escrito ou em qualquer outro suporte duradouro a que aquele tenha acesso.

3 – A garantia, que deve ser redigida de forma clara e concisa na língua portuguesa, contém obrigatoriamente as seguintes menções:

a) Declaração de que o consumidor goza dos direitos previstos no presente decreto-lei, e na demais legislação aplicável, e de que tais direitos não são afectados pela garantia;

b) A informação sobre o carácter gratuito ou oneroso da garantia e, neste último caso, a indicação dos encargos a suportar pelo consumidor;

c) Os benefícios atribuídos ao consumidor por meio do exercício da garantia, bem como as condições para a atribuição destes benefícios, incluindo a enumeração de todos os encargos, nomeadamente aqueles relativos às despesas de transporte, de mão-de-obra e de material, e ainda os prazos e a forma de exercício da mesma;

d) Duração e âmbito espacial da garantia;

e) Firma ou nome e endereço postal, ou, se for o caso, electrónico, do autor da garantia que pode ser utilizado para o exercício desta.

4 – Salvo declaração em contrário, os direitos resultantes da garantia transmitem-se para o adquirente da coisa.

5 – A violação do disposto nos n.os 2 e 3 do presente artigo não afecta a validade da garantia, podendo o consumidor continuar a invocá-la e a exigir a sua aplicação.

ARTIGO 10.º
Imperatividade

1 – Sem prejuízo do regime das cláusulas contratuais gerais, é nulo o acordo ou cláusula contratual pelo qual antes da denúncia da falta de conformidade ao vendedor se excluam ou limitem os direitos do consumidor previstos no presente diploma.

2 – É aplicável à nulidade prevista no número anterior o disposto nos n.os 2 e 3 do artigo 16.° da Lei n.° 24/96, de 31 de Julho.

ARTIGO 11.°
Limitação da escolha de lei

Se o contrato de compra e venda celebrado entre profissional e consumidor apresentar ligação estreita ao território dos Estados membros da União Europeia, a escolha, para reger o contrato, de uma lei de um Estado não membro que se revele menos favorável ao consumidor não lhe retira os direitos atribuídos pelo presente decreto-lei.

ARTIGO 12.°
Acções de informação

A Direcção-Geral do Consumidor deve promover acções destinadas a informar e deve incentivar as organizações profissionais a informarem os consumidores dos direitos que para eles resultam do presente decreto-lei.

ARTIGO 12.°-A
Contra-ordenações

1 – Constituem contra-ordenações puníveis com a aplicação das seguintes coimas:

a) De € 50 a € 2500 e de € 500 a € 5000, consoante o infractor seja pessoa singular ou pessoa colectiva, a violação do disposto no n.° 2 do artigo 4.°;

b) De € 250 a € 3500 e de € 3500 a € 30 000, consoante o infractor seja pessoa singular ou pessoa colectiva, a violação do disposto no n.° 3 do artigo 9.°

2 – A negligência e a tentativa são puníveis sendo os limites mínimo e máximo das coimas aplicáveis reduzidos a metade.

Artigo 12.º-B
Sanções acessórias

1 – Quando a gravidade da infracção o justifique, podem ainda ser aplicadas, nos termos do regime geral das contra-ordenações, as seguintes sanções acessórias:

a) Encerramento temporário das instalações ou estabelecimentos;
b) Interdição do exercício da actividade;
c) Privação do direito a subsídio ou benefício outorgado por entidade ou serviço público.

2 – As sanções referidas no número anterior têm uma duração máxima de dois anos contados a partir da data da decisão condenatória definitiva.

Artigo 12.º-C
Fiscalização e instrução dos processos de contra-ordenação

1 – Compete à Autoridade de Segurança Alimentar e Económica (ASAE) fiscalizar a aplicação do disposto no presente decreto-lei, bem como instruir os processos de contra-ordenação previstos no artigo 12.º-A.

2 – Compete à Comissão de Aplicação de Coimas em Matéria Económica e de Publicidade (CACMEP) a aplicação das respectivas coimas e sanções acessórias.

3 – A receita das coimas reverte em:

a) 60 % para o Estado;
b) 30 % para a ASAE;
c) 10 % para a CACMEP.

4 – A CACMEP comunica ao Instituto da Construção e do Imobiliário, I. P., as decisões condenatórias, convertidas em definitivas ou transitadas em julgado, que condenem a empresa de construção pela prática da contra-ordenação prevista na alínea *a*) do n.° 1 do artigo 12.°-A, bem como aquelas que condenem a empresa de construção, ou qualquer outra entidade que exerça a actividade cuja regulação ou fiscalização incumba àquele Instituto, nas sanções acessórias previstas no artigo anterior.

ARTIGO 13.°
Alterações à lei de defesa dos consumidores

Os artigos 4.° e 12.° da Lei n.° 24/96, de 31 de Julho, passam a ter a seguinte redacção:

«ARTIGO 4.°
Direito à qualidade dos bens e serviços

Os bens e serviços destinados ao consumo devem ser aptos a satisfazer os fins a que se destinam e a produzir os efeitos que se lhes atribuem, segundo as normas legalmente estabelecidas, ou, na falta delas, de modo adequado às legítimas expectativas do consumidor.

ARTIGO 12.°
Direito à reparação de danos

1 – O consumidor tem direito à indemnização dos danos patrimoniais e não patrimoniais resultantes do fornecimento de bens ou prestações de serviços defeituosos.

2 – O produtor é responsável, independentemente de culpa, pelos danos causados por defeitos de produtos que coloque no mercado, nos termos da lei.»

ARTIGO 14.º
Entrada em vigor

1 – O presente diploma entra em vigor no dia seguinte ao da sua publicação, sem prejuízo do disposto no n.º 2.

2 – As normas previstas no artigo 9.º entram em vigor 90 dias após a publicação deste diploma.

NOTA INTRODUTÓRIA

NATUREZA CIVIL DA VENDA ENTRE PROFISSIONAL E CONSUMIDOR

1. Método de transposição para a ordem jurídica interna da Directiva 1999/44/CE relativa à venda e garantias de bens de consumo

1.1. *Transposição reprodutiva da Directiva em diploma avulso*

Pelo Decreto-Lei n.° 67/2003, de 8 de Abril, Portugal transpõe para a ordem jurídica interna a Directiva 1999/44/CE do Parlamento Europeu e do Conselho, de 25 de Maio de 1999, relativa a certos aspectos da venda de bens de consumo e das garantias a ela relativas (JOCE L171, de 7 de Julho de 1999, p. 12 a 16 – cfr. Anexo).

Trata-se de diploma legal avulso, estreitamente agarrado ao texto da Directiva europeia em causa, que procura reproduzir de forma quase literal e servil, independentemente ou mesmo em derrogação formal de idêntico direito nacional há muito já existente.

Com efeito, a via da facilidade e do seguidismo trilhada – emanação de (mais) uma lei especial extravagante, aderente ao texto do acto comunitário – levou mesmo ao ponto de o legislador intervir na Lei n.° 24/96, de 31 de Julho (Lei de Defesa do Consumidor), não para alterar soluções nela vertidas ou aditar eventuais soluções novas da Directiva, mas pura e simplesmente para dela retirar boas regras (apenas) agora consagradas no instrumento supranacional e reproduzidas no diploma de transposição.

Para ilustrar o afirmado, basta atentar nas *duas maiores questões tratadas* pela Directiva da venda de bens de consumo: *a questão dos direitos do consumidor-adquirente* de bens móveis defeituosos ou não conformes ao contrato *e a questão dos prazos para o exercício desses direitos*.

Inquestionavelmente, a contribuição da Directiva comummente tida como a mais significativa respeita aos *remédios reconhecidos ao comprador* (art. 3.°): direito à reposição da conformidade, pela reparação ou substituição da coisa, e direito à redução do preço ou à resolução do contrato. Ora este ponto, considerado o mais importante e o mais original para ordens jurídicas como a alemã, a italiana ou a francesa, já estava resolvido e bem resolvido, exactamente no mesmo sentido, pela Lei de Defesa do Consumidor, cujo n.° 1 do art. 12.° rezava assim:

> "*O consumidor* a quem seja fornecida a coisa com defeito, salvo se dele tivesse sido previamente informado e esclarecido antes da celebração do contrato, *pode exigir, independentemente de culpa do fornecedor do bem, a reparação da coisa, a sua substituição, a redução do preço ou a resolução do contrato*".

Pois até esta norma lapidar, demonstrativa de maior avanço e modernização do direito português relativamente a ordens jurídicas marcantes como as mencionadas, desapareceu da novel redacção do art. 12.° da Lei de Defesa do Consumidor, com a escolha da técnica da repetição das regras da Directiva em lei avulsa.

O mesmo se diga, *mutatis mutandis*, no concernente à questão dos *prazos para o exercício dos direitos*. A Lei de Defesa do Consumidor previa: garantia mínima de um ou cinco anos, consoante a coisa fosse móvel ou imóvel (art. 4.°, n.os 2 e 3); ónus de denúncia do defeito no prazo de 30 dias ou de um ano, conforme a coisa fosse móvel ou imóvel (art. 12.°, n.° 2); caducidade, findo qualquer dos prazos referidos sem que o consumidor tivesse feito a denúncia, ou decorridos sobre esta seis meses (art. 12.°, n.° 3). Pois também estes números dos preceitos citados desapareceram da Lei de Defesa do Consumidor, em vez de uma mera alteração compatibilizadora (garantia mínima de *dois* anos e denúncia no prazo de *dois* meses, tratando-se de coisas móveis – art. 5.° da Directiva), por obra de legislador refém da opção pelo recurso à técnica da reprodução da Directiva em lei avulsa[1].

1.2. ***Transposição mínima na Lei de Defesa do Consumidor***

Diferentemente do *Regulamento*, que tem carácter geral, é obrigatório em todos os seus elementos e directamente aplicável em todos os Estados-membros, a *Directiva* vincula o Estado-membro destinatário quanto ao resultado a alcançar, deixando, no entanto, às instâncias nacionais a competência quanto à forma e aos meios (art. 249.° do Tratado da Comunidade Europeia).

Dentro da competência e do *spatium deliberandi* reconhecidos aos Estados-membros, no caso presente *teria sido possível, desejável e preferível a concretização da transposição mínima da Directiva 1999/44/CE na Lei de Defesa do Consumidor,* fazendo uso da liberdade de meios e da equivalência dos resultados consentidas pelo direito comunitário, com o respeito devido ao direito nacional e sem fazer tábua rasa da nossa história jurídica.

Na verdade, se Portugal dispõe de uma Lei de Defesa do Consumidor que já regulava a matéria objecto da Directiva – nomeadamente e principalmente nos arts. 4.° e 12.°, com quatro e cinco números, respectivamente –, não teria sido melhor incorporar nela as (*e só as*) soluções materiais decorrentes da Directiva não con-

---

[1] A reprodução da Directiva em lei avulsa foi igualmente seguida em Espanha no *Proyecto de ley de garantías en la venta de bienes de consumo,* apresentado ao Congresso em 22 de Outubro de 2002 e publicado no Boletín Oficial de las Cortes Generales de 31 de Outubro de 2002 (pode ver-se em Carlos Lasarte Álvarez, *Manual sobre protección de consumidores y usuarios,* Madrid, 2003, na disquete que o acompanha), e mantida na *Ley 23/2003, de 10 de Julho, de Garantías en la Venta de Bienes de Consumo*(Boletin Oficial del Estado, n.° 165, de 11/07/2003).

templadas ou incompativelmente previstas nessa lei especial e no direito comum?

Ao ter preferido a estrada da simplicidade e facilidade da transposição legislativa, deixando intocado o direito comum da compra e venda, seguramente que a Lei de Defesa do Consumidor se impunha como *lugar natural* para integrar as novidades ou diferenças da Directiva, com as *vantagens óbvias de*:

- Evitar a emanação de (enésima) lei avulsa;
- Respeitar material e formalmente um avançado e moderno direito nacional da venda de bens de consumo, que respondia já correctamente às exigências (serôdias, para Portugal) da Directiva, reconhecendo o seu a seu dono também no tempo e no modo, sem subserviências ou seguidismos desnecessários de instrumento comunitário vinculativo apenas quanto ao resultado a alcançar;
- Conformar-se à finalidade de uma Directiva *exclusivamente* consumerista, posto que fundada no art. 153.° do Tratado CE ("promover os interesses dos consumidores e assegurar um elevado nível de defesa destes") e com vista a "assegurar um nível mínimo uniforme de defesa dos consumidores" (art. 1.°, n.° 1, da Directiva).

Assim o legislador manteria uma certa *continuidade, no fundo e na forma*, com as existentes e equivalentes disposições da Lei de Defesa do Consumidor, sem ficar acorrentado a uma transposição reprodutiva ou repetitiva da Directiva, desnecessária na latitude do direito comunitário e no espaço de liberdade deixado aos Estados-membros.

1.3. *Transposição extensiva no Código Civil – a oportunidade perdida*

Uma terceira opção, mais ousada e ambiciosa, teria a minha preferência: a transposição alargada ao Código Civil, com a exten-

são ao direito comum da compra e venda de exigências da Directiva e da Lei de Defesa do Consumidor, deixando para esta tão – somente algumas (poucas) regras específicas da compra de bens de consumo.

Este método,

Por um lado, proporcionaria um sistema jurídico harmonioso, expressamente coordenado com o tecido normativo em vigor;

Por outro lado, iria ao encontro de reclamadas alterações de alguns preceitos do direito geral da compra e venda[2];

Por fim, reduziria ao estritamente indispensável o microssistema de protecção especial do consumidor-adquirente.

1.3.1. *Foi esta a auto – estrada sulcada na Alemanha* a partir do Verão de 2000, sob a batuta do Ministério Federal da Justiça, que criou Comissões especializadas, tendo sido publicada em 26 de Novembro de 2001, com entrada em vigor em 1 de Janeiro de 2002, a *Lei para a Modernização do Direito das Obrigações,* aprovada pelo Parlamento Federal. Deste modo, mediante uma planeada e aprovada "solução forte" ou "*solução grande*" (*eine große Lösung*) – vencedora sobre a "solução fraca" ou "solução pequena" (*kleine Lösung)* da transposição estrita em diploma extravagante da Directiva, que deixaria praticamente inalterados os regimes da compra e venda e da empreitada do Código Civil –, o legislador teutónico modernizou aspectos nucleares da Parte Geral e do Direito das Obrigações do BGB, publicado em 1896[3].

---

[2] Cfr. João Calvão da Silva, *Responsabilidade civil do produtor,* Coimbra, 1990, especialmente n.os 43, 45, 47, 48 e 52 a 54.

[3] Para uma visão corrida do *iter* da reforma do BGB de 2001/2002, *vide* António Menezes Cordeiro, *A modernização do direito das obrigações. I – Aspectos gerais e reforma da prescrição, in* Rev. Ordem Advogados, ano 62 (2002), p. 91 e segs; *II – O direito da perturbação das prestações, idem,* p. 319 e segs. Amplius, Claus-Wilhelm Canaris, *Die Neuregelung des Leistungsstörungs – und des Kaufrechts. Grundstrukturen und Problemschwerpunkte* (aus Egon Lorenz, Karlsruher Forum 2002: Schuldrechtsmodernisierung).

Modernização feita pela conformação do regime da compra e venda e do contrato de empreitada em geral às exigências da Directiva 1999/44/CE. Mas não só. Também pela *recepção no seio do BGB dos poucos preceitos especiais sobre a compra de bens de consumo* (*Verbrauchsgüterkauf* – §§ 474 a 479) *e ainda de leis especiais de transposição de Directivas sobre contratos, incluindo os contratos de direito privado no domínio da protecção do consumidor*, nomeadamente:

A Directiva 1997/7/CE, relativa à protecção dos consumidores em matéria de *contratos à distância* (JOCE L144, de 4/6/97, p. 19), com a correspondente lei de transposição – "Lei sobre Contratos à distância e outras questões do Direito dos Consumidores e Adaptação de outras normas ao Euro", de 21/7/99 – a disciplinar a matéria (actuais §§312b, 312c e 312d, do BGB), a inserir no BGB as noções de consumidor (§ 13) e de profissional (§14) e a regular as prestações não encomendadas (§241a), a oferta de prémios ao consumidor (§661a), o abuso de cartões de pagamento (§676h), o direito de revogação nos contratos dos consumidores (ex. – §361a, actuais §§355 e 357) e o direito de devolução de bens nos contratos dos consumidores (ex. – §361b, actuais §§356 e 357);

A Directiva 1985/577/CEE sobre contratos negociados fora de estabelecimentos comerciais (JOCE L372, de 31/12/85, p. 31), com o conteúdo da *HaustürWG* ora plasmado nos §§312 e 312a do BGB;

A Directiva 1987/102/CEE sobre crédito ao consumo (JOCE L42, de 12/02/1987, p. 48), sucessivamente alterada, com o conteúdo da *VerbrKrG* a ser integrado nos §§491 a 507 do BGB;

A Directiva 1993/13/CEE sobre cláusulas abusivas nos contratos celebrados com os consumidores (JOCE L95, de 21/04/93, p. 29), com a parte substantiva da AGBG a ser integrada nos §§305 a 310 do BGB;

A Directiva 1994/47/CE sobre time-sharing ou direito de habitação periódica (JOCE L280, de 20/10/94, p. 83), com a *Teilzeit-Wohnrechtegesetz* agora integrada nos §§481 a 487 do BGB;

A Directiva 1990/314/CEE sobre viagens, férias e circuitos organizados (JOCE L158, de 23/06/90, p. 59), integrada nos §§651a-651m do BGB;

A Directiva 1997/5/CE sobre transferências transfronteiras (JOCE L43, de 14/02/97, p. 25)[4], transposta nos §§676a – 676h do BGB;

A Directiva 2000/31/CE sobre comércio electrónico (JOCE L178, de 17/07/2000, p. 1), com especial destaque para o §312e do BGB;

A Directiva 2000/35/CE sobre atrasos de pagamentos nas operações comerciais (JOCE L200, de 8/08/2000, p. 35), reflectida nos §§247, 286 e 288 do BGB.

1.3.2. *A "solução grande" é também a adoptada no Anteprojecto francês* de transposição da Directiva, apresentada no *Rapport Général* do grupo de trabalho constituído pelo Ministério da Justiça e presidido por Geneviève Viney.

A opção por uma *"transposition large"* significa que o anteprojecto incorpora o fundamental da reforma primeiramente e principalmente no Código Civil – e só acessoriamente no "Código do Consumo" –, beneficiando todos os compradores e não apenas os consumidores. Escolha tanto mais significativa quanto a França irrompe como o único país europeu a possuir um *"Code de la Consommation" – "Codification à droit constant"* que assenta na consolidação das leis e regulamentos e não passa, pois, de *Compilação pública do direito em vigor (textos "codificados-consolidados") à data da intervenção*, em ordem a facilitar formalmente o conhecimento da legislação aplicável e o acesso ao direito[5] – e um

---

[4] Cfr. João Calvão da Silva, *Responsabilidade bancária por transferências de créditos, in* Estudos em Homenagem à Professora Doutora Isabel de Magalhães Collaço, vol. II, Coimbra, 2002, p. 3 e segs.

[5] Para uma visão crítica deste tipo de codificação, Cfr. Hervé Moysan, *La codification à droit constant ne rèsiste pas à l'épreuve de la consolidation, in* JCP – La Semaine Juridique E.G., 2002, Doct. I 147, p. 1231 e segs. Em geral, *vide Faut – il recodifier le droit de la consommation?* (org. D. Fenouillet/F. Labarthe), 2002.

dos membros do Grupo de Trabalho Viney é o Prof. Calais-Auloy, reconhecida autoridade e cultor do direito do consumo[6].

Com as vantagens, salientadas no debate, de o método escolhido facultar a simplificação, pelo abandono da distinção entre "vice" e "non-conformité", a reforma e a modernização do direito da venda, sem regressão na defesa do consumidor.

Entretanto, a técnica da *compilação pública* do direito em vigor foi também adoptada na Itália com a aprovação do *Codice del Consumo* pelo Decreto Legislativo 6 Settembro 2005, n.° 206.

1.3.3. *Igual tendência metodológica se detecta noutros países como a Áustria, a Itália, a Bélgica, a Holanda e o Reino Unido.*

Na Áustria, foi aprovada no Verão de 2001 a *"Lei de Alteração do Direito da Garantia"*, lei federal que *altera o direito da garantia no Código Civil e na Lei de protecção do Consumidor,* bem como a Lei do Contrato de Seguro[7], juntando-se assim à Alemanha e à Finlândia (lei de 19/12/2001), como "bons alunos" no respeito pelo prazo de transposição para a entrada em vigor, a 1 de Janeiro de 2002, das correspondentes leis nacionais.

Em Itália, o Decreto Legislativo n.° 24, de 2 de Fevereiro de 2002, transpôs a Directiva no Código Civil, pela introdução dos arts. *1519 – bis a 1519* – nonies[8], um subtipo ("Da venda de bens de consumo") no tipo "Da venda" – da sua leitura salta à vista a reprodução servil do texto da Directiva, sem a justificada coordenação com o direito comum da venda em vigor. Artigos do *Codice* revogados pela alínea s) do art. 146.° do *Codice del Consumo* e neste integrados (arts. 128.° a 135.°).

Na Bélgica, tal como em Itália, a reforma projectada consiste na reprodução literal da Directiva nos *arts. 1649bis a 1649octies*

[6] J. – Calais – Auloy/F. Steinmetz, *Droit de la consommation*, 5.ª ed., 2000.

[7] Cfr. Diploma de Transposição da Directiva 1999/44/CE para o Direito Austríaco (tradução de Paulo Mota Pinto), *in* "Estudos de Direito do Consumidor". Centro de Direito do Consumo – FDUC, n.° 3 – 2001, p. 435 e segs.

[8] A sua tradução, por Paulo Mota Pinto, pode ver-se *in* "Estudos de Direito do Consumidor", *cit.*, p. 443 e segs.

do Código Civil, o mesmo Código francês de Napoleão, como é sabido.

Na Holanda, o Projecto, apresentado em 2001 e em debate público ainda em fins de 2002, transpunha a Directiva no Código Civil, pela inserção de uma dezena de novos artigos no livro 7, título I, em coerência com o conceito de "compra de consumo" nesse mesmo livro já contido no art. 18.°, aprovado entretanto por lei de 6 de Março de 2003.

No Reino Unido, que não tem Código Civil, a *Law Commission* pronunciou-se contra a transposição repetitiva da Directiva em lei especial, propondo antes alterações às leis existentes: *"Supply of Goods* (Implied Terms) *Act* 1973"; *"Sale of Goods Act* 1979"; *"Supply of Goods and Services Act* 1982"; *"Unfair Contract Terms Act* 1977". Ora, sendo estas leis de âmbito mais vasto do que o da Directiva – aquelas respeitam tanto a vendas comerciais como a vendas civis –, infere-se que se trata igualmente da "solução grande" de revisão do direito da venda em geral, sem prejuízo, naturalmente, de justificadas particularidades em prol do consumidor. O que foi confirmado em *"The Sale and Supply of Goods to Consumers Regulations 2002"*, de 10 de Dezembro, com entrada em vigor em 31 de Março de 2003, que introduziu alterações à legislação citada em ordem a consagrar remédios adicionais de proteção do consumidor decorrentes da Directiva n.° 1999/44/CE.

1.3.4. *Em Portugal,* a "solução grande" de transposição da Directiva com revisão também do regime comum da compra e venda tinha ressonância geral na doutrina[9].

---

[9] Sinde Monteiro, *Proposta de Directiva do Parlamento Europeu e do Conselho relativa à venda e às garantias dos bens de consumo, in* "Revista Jurídica da Universidade Moderna", 1998, p. 474: "faria sentido (...) repensar todo o regime da garantia, o do Código Civil e o da própria Lei de Defesa dos Consumidores"; Ferreira de Almeida, *Questões a resolver na transposição da Directiva e respostas dadas no Colóquio, in* "Themis", ano II, n.° 4 (2001), p. 222: "Nenhum dos participantes na Conferência sustentou a 1.ª hipótese (transposição através de diploma especial, sem outras alterações para além das adaptações indispensáveis

No "Anteprojecto de Diploma de Transposição da Directiva 1999/44/CE para o Direito Português – Exposição de Motivos e Articulado", elaborado em Novembro e Dezembro de 2001, a pedido do senhor Secretário de Estado para a Defesa do Consumidor, o seu autor, Paulo Mota Pinto, apresentava dois articulados em alternativa: "1.ª possibilidade: Transposição por alteração do Código Civil e da Lei de Defesa do Consumidor; 2.ª possibilidade (desaconselhada): Transposição em Diploma Avulso"[10]. Apesar da clareza e veemência com que Paulo Mota Pinto defendia a transposição da Directiva através de alteração do regime do Código Civil e da Lei de Defesa do Consumidor – sem apreciar *hic et nunc* o acerto de algumas das soluções propostas –, certo é que o legislador seguiu a segunda possibilidade expressamente dita *"desaconselhada"*. Porventura, porque esta opção cabia na competência governativa da tutela do consumidor – já não a "1.ª possibilidade: Transposição por alteração do Código Civil", da competência do Ministério da Justiça. Ainda assim, dentro da competência governativa da tutela do consumidor, a escolha de lei avulsa reprodutiva da Directiva não era a única possível e teria sido preferível a sua recepção, na estrita medida do necessário, na Lei de Defesa do Consumidor (*supra,* 1.2.).

---

na lei de Defesa do Consumidor); vários oradores expressaram opinião favorável à alteração dos preceitos do Código Civil..."; Dário Moura Vicente, *Desconformidade e garantias na venda de bens de consumo: a Directiva 1999/44/CE e a Convenção de Viena de 1980, in* "Themis", *cit.*, p. 143, *in fine,* e 144; Ana Prata, *Venda de bens usados no quadro da Directiva 1999/44/CE, in* "Themis", *cit.*, p.152; Pedro Romano Martinez, *Empreitada de Consumo, in* "Themis", *cit.*, p. 171; Rui Pinto Duarte, *O direito de regresso do vendedor final na venda para consumo, in* "Themis", *cit.*, p. 193 e 194.

[10] Paulo Mota Pinto, *Cumprimento defeituoso do contrato de compra e venda. Anteprojecto de Diploma de Transposição da Directiva 1999/44/CE para o Direito Português. Exposição de Motivos e Articulado",* Instituto do Consumidor, 2002 – republicado em "Estudos de Direito do Consumidor, *cit.*, p. 165 e segs., sob a segunda parte da epígrafe transcrita (*Anteprojecto...*). *Vide,* ainda, Paulo Mota Pinto, *Conformidade e garantias na venda de bens de consumo. A Directiva 1999/44/CE e o direito português, in* "Estudos de Direito do Consumidor", n.° 2 – 2000, p. 197 e segs.

Na certeza, porém, de que *a melhor e a mais forte das soluções, a "solução grande"* de revisão do direito comum da compra e venda, com transposição das novas exigências comunitárias principalmente no Código Civil – *Código Civil que, por definição, é o Código dos cidadãos, muito em especial das pessoas comuns ou pessoas simples, os "consumidores" na coeva linguagem* – e só acessoriamente na Lei de Defesa do Consumidor, *não era impedida pela Directiva,* tendo em conta dois argumentos (a) e (b).

a) Em primeiro lugar, em virtude do *carácter mínimo da Directiva 1999/44/CE:* "conjunto mínimo de regras equitativas que regulem a venda de bens de consumo" (considerando 2) ou "corpo mínimo comum de direito do consumo" (considerando 5) "com vista a assegurar um nível mínimo uniforme de defesa dos consumidores no contexto do mercado interno" (art. 1.°, n.° 1), *"Os Estados-membros podem adoptar ou manter, no domínio regido pela presente Directiva, disposições mais estritas,* compatíveis com o Tratado, *com o objectivo de garantir um nível mais elevado de protecção do consumidor"* (art. 8.°, n.° 2). Consequentemente, no domínio regido pela Directiva – compra e venda entre vendedores profissionais e compradores consumidores –, não há razão séria para duvidar da possibilidade de *derrogação de regras a favor do consumidor.*

Nem sequer pode recear-se a condenação pelo TJCE de eventuais derrogações *in favorem,* como o julgou a propósito da transposição da Directiva 85/374/CEE sobre produtos defeituosos, ao considerar estabelecer a mesma *"uniformização total"* sobre os pontos regulados, a não permitir *manter ou prever* disposições nacionais divergentes das nela estabelecidas, com a consequência de poder *regredir* a protecção do consumidor[11]. Na verdade, as diferenças são óbvias:

---

[11] TJCE, arestos, de 25 de Abril, C-52/00 (Comissão Europeia v. República Francesa), C-154/00 (Comissão Europeia v. República Helénica), C-183/00 (Maria Vitória Gonzalez Sanches v. Medicina Asturiana SA). Comentários podem ver-se *in* "Dalloz". 2002, p. 2935, de Pizzio; *in* "Dalloz. 2002, p. 2462, de Larroumet; *in* "Dalloz". 2002, p. 2458, J. Calais – Aulay, *"Menace européenne sur la jurisprudence française concernant l'obligation de sécurité du vendeur professionnel.*

A Directiva 1985/374/CEE funda-se no art. 94.° (ex. – art. 100.°) do Tratado, relativo à realização do mercado interno; a Directiva 1999/44/CE alicerça a sua habilitação no art. 153.° do Tratado, relativo à protecção a nível elevado do consumidor;

A Directiva 1985/374/CEE (art. 13.°) e a Directiva 1999/ /44/CE (art. 8.°, n.° 1) dizem não ser atingidos os direitos de que a vítima ou o consumidor, respectivamente, possa prevalecer-se segundo as regras nacionais; diferentemente, porém, da segunda (art. 8.°, n.° 2), a primeira não contém "cláusula mínima" a autorizar expressamente os Estados-membros a adoptar ou a manter, sobre os pontos regulados pela Directiva, disposições mais estritas para assegurar nível de protecção mais elevado das vítimas.

Segue-se a seguinte conclusão segura: a Directiva 1985/374/ /CEE constitui uma Directiva de *harmonização total* da responsabilidade civil do produtor – afora, bem entendido, aqueles pontos em que faculta opções aos Estados-membros –, ao passo que a Directiva 1999/44/CE consagra uma harmonização mínima do regime da venda de bens de consumo.

b) Em segundo lugar – 2.° argumento de que a Directiva 1999/44/CE não impedia a "solução grande" –, *porque uma Directiva restrita às relações entre profissionais e consumidores não impede a extensão de boa parte das suas exigências para fora dos seus limites, a todos os contratos de compra e venda, também a contratos entre empresários e a contratos entre particulares ou consumidores*. Assim o queiram, na sua soberania, os Estados-membros.

Com efeito, a Directiva não coarcta a liberdade – liberdade total – de os legisladores nacionais modificarem o seu Direito fora do domínio da harmonização mínima que impõe, nomeadamente estendendo novas soluções a todas as vendas, independentemente da qualidade dos contraentes e da natureza do bem vendido, pela previsão de regime geral da garantia (legal) no Código Civil, o seu lugar natural: *o princípio da conformidade ou pontualidade do cumprimento dos contratos vincula todo o vendedor perante qualquer comprador... de qualquer objecto*. Logo, o legislador português gozava e continua a gozar de toda a competência para reformar o direito comum da compra e venda, no sentido de proteger (mais e melhor) os compradores, fora do campo de aplicação da Directiva 1999/44//CE, até onde o entendesse e entenda justificado numa ponderação razoável com os interesses dos vendedores: a protecção de compradores – consumidores de coisas defeituosas ou não conformes ao contrato não sai diminuída pela extensão *ratione personae* do regime da Directiva 1999/44/CE, do mesmo modo que a Directiva 1985/374/CEE sobre a responsabilidade civil do produtor não deixa de proteger o consumidor lesado por produto defeituoso só porque abrange os danos pessoais sofridos pelas vítimas, também os empresários e profissionais em geral.

Por fim, pode dizer-se que a *integração no Código Civil de regras da Directiva 1999/44/CE e de outras Directivas relativas a contratos, a exemplo da Alemanha, constitui uma homenagem – a homenagem devida – ao denominado "Direito Privado do Consumo", consciência crítica e consciência moral do Direito Civil que é, a parte nevrálgica vivificadora, rejuvenescedora e eticizadora do Direito do homem comum e suposto contraente mais fraco, a caminho de um harmonizado direito privado europeu dos contratos (desejável) no mais vasto processo de internacionalização e globalização da economia e do comércio* (*amplius*, para a confluência evolutiva e interinfluência de renovação do direito civil – direito do consumidor, *vide* João Calvão da Silva, *Compra e Venda de Coisas Defeituosas*, cit., n.os 62 e 63).

2. **Referência bibliográfica**

BAPTISTA MACHADO, *Acordo negocial e erro na venda de coisas defeituosas*, *in* BMJ, 1972, p. 5ss;

PIRES DE LIMA e ANTUNES VARELA, *Código Civil anotado*, II vol., 4.ª ed., 1997, anotações aos arts. 905.° a 922.°;

JOÃO CALVÃO DA SILVA, *Responsabilidade civil do produtor,* Coimbra, 1990, p. 181 a 284; *Idem, Compra e Venda de coisas defeituosas. Conformidade e garantia,* 5.ª ed., Coimbra, 2008;

CARNEIRO DA FRADA, *Erro e incumprimento na não – conformidade da coisa com o interesse do comprador, in* "O Direito", ano 121 (1989), p. 461;

CARLOS FERREIRA DE ALMEIDA, *Texto e enunciado na teoria do negócio jurídico,* 1992, p. 617 segs., 635 segs.; *Idem, Orientações de política legislativa adoptadas pela Directiva 1999/44/CE sobre a venda de bens de consumo. Comparação com o direito português vigente, in* "Themis", ano II, n.° 4 (2001), p. 109; *Idem, Questões a resolver na transposição da Directiva e respostas dadas no Colóquio, in* "Themis", ano II, n.° 4 (2001), p. 219;

ANTÓNIO PINTO MONTEIRO e PAULO MOTA PINTO, *La protection de l'acheteur de choses défectueuses en droit portugais, in* Boletim da Faculdade de Direito de Coimbra, vol. LXIX (1993), p. 259;

PEDRO ROMANO MARTINEZ, *Cumprimento defeituoso, em especial na compra e venda e na empreitada,* 1994, p. 143 e segs.; *Idem, Empreitada de Consumo, in* "Themis", *cit.,* p. 155;

MIGUEL TEIXEIRA DE SOUSA, *Cumprimento defeituoso e venda de coisa defeituosa, in "Ab uno ad Omnes.* 75 anos da Coimbra Editora", Coimbra, 1998;

SINDE MONTEIRO, *Proposta de Directiva do parlamento Europeu e do Conselho relativa à venda e às garantias dos bens de consumo, in* "Revista Jurídica da Universidade Moderna", 1998, p. 461;

DÁRIO MOURA VICENTE, *Desconformidade e garantias na venda de bens de consumo: a Directiva 1999/44/CE e a Convenção de Viena de 1980, in* "Themis", cit., p. 121;

ANA PRATA, *Venda de bens usados no quadro da Directiva 1999/44/CE, in* "Themis", cit., p. 145;

RUI PINTO DUARTE, *O direito de regresso do vendedor final na venda para consumo, in* "Themis", cit., p. 173;

PAULO MOTA PINTO, *Cumprimento defeituoso do contrato de compra e venda. Anteprojecto de Diploma de Transposição da Directiva 1999/44/CE para o direito Português. Exposição de Motivos e Articulado",* Instituto do Consumidor, 2002 – republicado em "Estudos de Direito do Consumidor, *cit.,* p. 165 e segs.; *Idem, Conformidade e garantias na venda de bens de consumo. A Directiva 1999/44/CE e o direito português, in* "Estudos de Direito do Consumidor, n.° 2 – 2000, p. 197; *Idem, O direito de regresso do vendedor final de bens de consumo, in* "Rev. Ord. Advogados", ano 62 (2002), p. 143; *Idem, Reflexões sobre a transposição da Directiva 1999/44/CE para o Direito português, in* "Themis", *cit.,* p. 195;

Jorge Pegado Liz, *Acerca das garantias a venda de bens de consumo. Da perspectiva comunitária ao direito interno português, in* "Forum Iustitiae", n.° 8 (2000), p. 50 e segs.;

C. W. Canaris, *A transposição da Directiva sobre compra de bens de consumo para o Direito alemão* (tradução de Paulo Mota Pinto), *in* Estudos de Direito do Consumidor", *cit.*, p. 49;

N. Reich, *Die Umsetzung der Richtlinie 1999/44/EG in das deutsche Recht, in Neue Juristische Wochenschrift,* 1999, p. 2397;

Westermann, *Das neue Kaufrecht einschließlich des Verbrauchsgüterkaufs, in Juristen Zeitung*, 2001, p. 530;

K. Tonner, *Verbrauchsgüterkauf – Richtlinie und Europäisierung des Zivilrechts, in* BetriebsBerater, 1999, p. 1769;

H. Ehmann – U. Rust, *Die Verbrauchsgüterkaufrichtlinie, in Juristen Zeitung,* 1999, p. 853;

P. Schlechtriem, *Die Anpassung des deutschen Rechts an die Klausel – Richtlinie und den Richtlinienvorschlag zum Verbraucherkaufrecht, in Zeitschrift für Schweizerisches Recht,* 1999, I, p. 335;

C. Jeloschek/E. Hondius, *Towards a European sales law. Legal challenges posed by the Directive on the sale of consumer goods and associated guarantees, in* ERPL, 2001, p. 157; C. Jeloschek, *The transposition of Directive 1999/44/EC into Austrian law, idem.*, p. 163*;*

M. Tenreiro/S. Gomez, *La directive 1999/44/CE sur certains aspects de la vente et des garanties des biens de consommation, in* Rev. eu. dr. consommation, 2000, p. 5;

G. Viney, *Quel domaine assigner à la loi de transposition de la directive européenne sur la vente?, in* «JCP», 2002, I, 158; *Idem*, *Retour sur la transposition de la directive du 25 mai 1999, in* "Dalloz", 2002, Chr, p. 3162;

G. Paisant/L. Leveneur, *Quelle transposition pour la directive du 25 mai 1999 sur les garanties dans la vente de biens de consommation?, in* «JCP – La semaine Juridique». E. G, doct. I 135, p. 923;

O. Tournafond, *Remarques critiques sur la directive européenne du 25 mai 1999 relative à certains aspects de la vente et des garanties des biens de consommation, in* "Dalloz", 2000, Chron, 159ss; *Idem*, *De la transposition de la directive du 25 mai 1999 à la réforme du code civil, in* "Dalloz", 2002, Chron., p. 2883; *Idem*, *Transposition de la Directive de 1999 sur la garantie des consommateurs. Article de foi ou réalisme legislatif?, in* "Dalloz", 2003, p. 427;

P. Jourdain, *Transposition de la Directive sur la vente du 25 mai 1999: ne pas manquer une occasion de progrès, in* "Dalloz", 2003, p. 4;

Denis Mazeaud, *La parolle est à la défense, in "Dalloz"*, 2003, p. 6;

L. GRYNBAUM, *La fusion de la garantie des vices cachés et de l'obligation de délivrance opérée par la directive du 25 mai 1999, in* "Dalloz", 2000, Chron., p. 4;

R. FAMILY, *Erreur, non – conformité, vice caché: état des questions à l'heure de la transposition de la directive du 25 mai 1999, in* "Dalloz", 2002, Chron., p. 4;

A. ORTI VALLEJO, *Los defectos de la cosa en la compraventa civil y mercantil. El nuevo régimen jurídico de las faltas de conformidad según la Directiva 1999/44/CE,* Granada, 2002.

L'attuazione della direttiva 1999/44/CE in Italia e *in Europa. La tutela dell'acquirente di beni di consumo. Atti del Convegno internazionale dedicato alla memoria di Alberto Trabucchi. Padova, 14-15 settembre 2001,* Padova, 2002;

C. M. BIANCA, *Consegna di aliud pro alio e decadenza dai rimedi per omessa denunzia nella direttiva 1999/44/CE, in* "Contratto e impr. – Europa", 2001, p. 16;

G. ALPA – G. DE NOVA E OUTROS, *L'acquisto di beni di consumo,* Milano, 2002; G. De Nova, *La recezione della Direttiva sulle garanzie nella vendita dei beni di consumo: vincoli, ambito di aplicazione, difetto di conformità, in* "Riv. dir. priv.", 2001, p. 759;

F. BOCCHINI, *La vendita tra piazze diverse di beni di consumo, in* "Riv. dir. civ.", 2002, I, p. 1;

G. BONFANTE – O. CAGNASSO, *Risoluzione del contrato ed "azione di adempimento" quali strumenti di tutela del consumatore o dell'impresa?, in* "Contratto e impr. – Europa", 2001, p. 23;

L. CABELLA PISU, *Vendita, vendite: quale riforma delle garanzie?, in* "Contratto e impr. – Europa", 2001, p. 34;

G. DE CRISTOFARO, *Difetto di conformità al contratto e diritti del consumatore. L'ordinamento italiano e la direttiva 1999/44/CE sulla vendita e le garanzie dei beni di consumo,* Padova, 2000; *Idem., La nuova disciplina codicistica dei contratti per la fornitura dei beni mobili conclusi da consumatori con professionisti, in "Studium iuris",* 2002, 1174 segs. e 1314 segs.;

A. DI MAJO, *Garanzia e inadempimento nella vendita di beni di consumo, in* "Europa e dir. privato", 2002, p. 1;

L. DI PAOLA, *Vendita di beni di consumo: si rafforzano le garanzie per l'acquirente, in "Nuove leggi civ.",* 2002, p. 309;

M. HAZAN, *Attuata la direttiva 1999/44/CE: si rafforza la tutela del consumatore, in "Contratti",* 2002, p. 391;

A. LUMINOSO, *Riparazione o sostituzione della cosa e garanzia per vizi nella vendita. Dal codice civile alla direttiva 1999/44, in* "Riv. dir. civ.", 2001,

p. 837; *Idem., Appunti per l'attuazione della direttiva 1999/44/CE e per la revisione della garanzia per vizi nella vendita, in "Contratto e impr. – Europa"*, 2001, p. 83;

P. Pardolesi, *La direttiva sulle garanzie nella vendita: ovvero, di buone intenzioni e risultati opachi, in* "Riv. critica dir. privato", 2001, p. 437;

P. Schlesinger, *Le garanzie nella vendita di beni di consumo, in* "Corriere giur.", 2002, p. 561;

Zaccaria – G. De Cristofaro, *La vendita dei beni di consumo,* Padova, 2002.

COMENTÁRIO

ARTIGO 1.°
Objecto

1 – O presente decreto-lei procede à transposição para o direito interno da Directiva n.° 1999/44/CE, do Parlamento Europeu e do Conselho, de 25 de Maio, relativa a certos aspectos da venda de bens de consumo e das garantias a ela relativas, com vista a assegurar a protecção dos interesses dos consumidores.

2 – *(Revogado pelo Decreto-Lei n.° 84/2008, de 21 de Maio.)*

I. ANOTAÇÕES AO N.° 1

1. Transposição conforme da Directiva e interpretação conforme à Directiva

1.1. O objectivo enunciado no n.° 1 de integrar na ordem jurídica interna a Directiva 1999/44/CE implica: *transposição conforme da Directiva; interpretação-integração da lei de transposição conforme à Directiva.*

Pelo *princípio da transposição conforme* torna-se necessário que o Direito nacional garanta a *aplicação completa* da Directiva, vale dizer, *assegure todos os resultados visados,* vinculativos para os Estados-membros (art. 288.° do Tratado sobre o Funcionamento da União Europeia). Logo, se a legislação nacional disciplinar uma matéria em termos completos e conformes a Directiva posterior, não se imporá novo diploma de transposição; onde a legislação nacional for incompleta ou divergente, bastará diploma minimalista de transposição complementar.

1.2. O segundo princípio, *o princípio da interpretação do Direito nacional à luz das normas da Directiva*, exige o conhecimento do conteúdo da Directiva e sua interpretação. O que se, por um lado e frequentemente, passa pela comparação dos textos redigidos nos vários idiomas dos Estados-membros – a UE não tem uma *língua franca,* muito menos o *Esperanto* –, por outro lado, puxa sobremaneira para primeiro plano a interpretação sistemática e sobretudo a interpretação teleológica e, não raramente, justifica o recurso ao processo do *reenvio, a título prejudicial,* para o Tribunal de Justiça das Comunidades Europeias decidir sobre questão necessária ao julgamento da causa por órgão jurisdicional nacional (art. 267.° do Tratado sobre o Funcionamento da União Europeia).

Na certeza de que o princípio da interpretação conforme à Directiva do direito nacional prevalece sobre outros métodos hermenêuticos, constituindo trabalhos preparatórios da lei nacional de transposição, além de Paulo Mota Pinto, *Anteprojecto de Diploma de Transposição da Directiva 1999/44/CE para o direito português. Exposição de motivos e articulado, cit.*, os da Directiva europeia transposta – *in casu,* o *"Livro verde sobre as garantias dos bens de consumo e os serviços pós-venda"*, publicado em 1993 pela Comissão Europeia como pontapé de saída para o debate (Com(93) 509, final); a *Proposta de Directiva,* apresentada três anos mais tarde (JOCE C307, de 16/10/96, p. 8); a *Proposta Alterada* de Directiva (JOCE C148, de 14/05/98, p. 12); a *Posição Comum do Conselho* tendo em vista a adopção da Directiva (JOCE C333, de 30/10/98, p. 46) e as *Alterações à Posição Comum* feitas pelo Parlamento Europeu (JOCE C98, de 9/04/99, p. 196).

2. **Objectivo da Directiva**

2.1. O conhecimento da Directiva 1999/44/CE permite saber o seu *objectivo*: regular "*certos* aspectos da venda de bens de consumo e das garantias a ela relativas, com vista a assegurar um nível mínimo de defesa dos consumidores no contexto do mercado interno" (art. 1.°, n.° 1). Esta mesma finalidade vem declarada no n.° 1 do art. 1.° em apreço: a *protecção dos interesses dos consumidores na compra de bens de consumo, independentemente de bem específico ou de bem genérico.*

2.2. Uma *diferença de forma: o n.° 2 do art. 1.° da Directiva*, no melhor estilo anglo-saxónico, *dá as definições de "vendedor"*, de "*bem de consumo*", de "*garantia*" e de "*consumidor*"; *essas ou outras definições não foram repetidas pelo legislador português na primitiva redacção do Decreto-Lei n.° 67/2003*, que se limitou a remeter para o n.° 1 do art. 2.° da Lei n.° 24/96, de 31 de Julho – Lei de Defesa do Consumidor. Trata(va)-se de *procedimento legítimo e saudável*, no uso da liberdade de meios deixada ao legislador nacional, se os resultados impostos na Directiva forem já assegurados pelo Direito interno, importando apenas verificar se isso acontece em cada caso, em nome do referido princípio da transposição conforme.

Porém, pelo Decreto-Lei n.° 84/2008, de 21 de Maio, foi introduzido o art. 1.°-B no Decreto-Lei n.° 67/2003, em ordem a transpor as definições dadas pelo n.° 2 do art. 1.° da Directiva.

ARTIGO 1.°-A

Âmbito de aplicação

1 – O presente decreto-lei é aplicável aos contratos de compra e venda celebrados entre profissionais e consumidores.

2 – O presente decreto-lei é, ainda, aplicável, com as necessárias adaptações, aos bens de consumo fornecidos no âmbito de um contrato de empreitada ou de outra prestação de serviços, bem como à locação de bens de consumo.

I. ANOTAÇÕES AO N.° 1

1. **Sujeitos da venda: vendedor profissional e consumidor**

1.1. Nos termos do n.° 1 do art. 2.° da lei de Defesa do Consumidor (LDC):

> "Considera-se consumidor todo aquele a quem sejam fornecidos bens, prestados serviços ou transmitidos quaisquer direitos, *destinados a uso não profissional,* por pessoa que exerça com *carácter profissional* uma actividade económica que vise a obtenção de benefícios".

É a consagração da noção de *consumidor em sentido estrito,* a mais corrente e generalizada na doutrina e nas Directivas comunitárias: *pessoa que adquire um bem ou um serviço para uso privado – uso pessoal, familiar ou doméstico,* na fórmula da al. a) do art. 2.° da Convenção de Viena de 1980 sobre a compra e venda internacional de mercadorias, inspiradora da Directiva 1999/44/CE, e do §9-

-109 do *Uniform Commercial Code* –, de modo a satisfazer as necessidades pessoais e familiares, mas *não já aquele que obtém ou utiliza bens e serviços para satisfação das necessidades da sua profissão ou empresa* – neste sentido, entretanto, acórdão do STJ, de 11 de Março de 2003 (Processo 02A4341); acórdão da Relação do Porto, de 14 de Setembro de 2009 (Processo n.° 542/2001.P1); acórdão da Relação do Porto, de 28 de Fevereiro de 2008 (Processo n.° 0737254); acórdão da Relação de Évora, de 31 de Março de 2009 (Processo n.° 1748/08-3).

Razão pela qual todo aquele que adquira bens ou serviços destinados a *uso não profissional* será uma *pessoa humana ou pessoa singular,* com *exclusão das pessoas jurídicas ou pessoas colectivas*, as quais adquirem bens ou serviços no âmbito da sua actividade, segundo o princípio da especialidade do escopo, para a prossecução dos seus fins, actividades ou objectos profissionais (art. 160.° do Código Civil e art. 6.° do Código das Sociedades Comerciais).

A noção estrita de consumidor – *pessoa singular que adquire a fornecedor profissional bens ou serviços para uso não profissional* –, que defendemos em geral e temos por consagrada no n.° 1 do art. 2.° da LDC (cfr. João Calvão da Silva, *Responsabilidade civil do produtor, cit.*, n.° 18; *Idem, Compra e venda de coisas defeituosas, cit.*, n.° 51), impõe-se pertinente e inquestionavelmente *in casu* à luz do princípio da interpretação conforme à Directiva, em que se define consumidor como "*qualquer pessoa singular que,* nos contratos abrangidos pela presente Directiva, *actue com objectivos alheios à sua actividade comercial ou profissional*" (al. a) do n.° 2 do art. 1.°).

Na reforma do Decreto-Lei n.° 67/2003 pelo Decreto-Lei n.° 84/ /2008, a al. a) do art. 1.°-B dá a definição de consumidor vertida no n.° 1 do art. 2.° da Lei n.° 24/96, para que remetia o n.° 1 do art. 1.° do Decreto-Lei n.° 67/2003 na primitiva redacção.

Coerentemente, desapareceu do art. 1.°, *in fine,* do Decreto-Lei n.° 67/2003 a remissão para o n.° 1 do art. 2.° da Lei n.° 24/96.

1.2. Por sua vez, o "fornecedor" de um bem ou o prestador de um serviço tem de ser profissional: *"pessoa (singular ou colectiva) que exerça com carácter profissional uma actividade económica* que visa a obtenção de lucros" – a abranger, inequivocamente, o *vendedor,* "qualquer pessoa singular ou colectiva que, ao abrigo de um contrato, vende bens de consumo no âmbito da sua actividade profissional" (al. c) do n.° 2 do art. 1.° da Directiva).

Deste modo, *ratione personae,* regista-se a coincidência de âmbito de aplicação da Directiva e da lei nacional de transposição: *contrato de compra e venda celebrado entre vendedor profissional e comprador consumidor ou comprador não profissional* (cfr. novos arts. 1.°-A, n.° 1, e 1.°-B, al. c)). *De fora do domínio de aplicação desta lei especial ficam:*

- O contrato de compra e venda firmado entre vendedor profissional e comprador profissional, normalmente contrato mercantil (arts. 2.° e 463.° do Código Comercial);
- O contrato de compra e venda concluído entre vendedor não profissional e comprador profissional, não considerado comercial pelo art. 464.°, n.° 1, 2.ª parte, do Código Comercial;
- O contrato de compra e venda celebrado entre vendedor não profissional e comprador não profissional, contrato civil.

1.3. Por isso, porque, na *summa divisio* entre contratos civis e contratos comerciais, "as compras de quaisquer coisas móveis destinadas ao uso ou consumo do comprador ou da sua família" não são consideradas comerciais (art. 464.°, n.° 1, 1.ª parte, do Código Comercial), *nenhuma dúvida séria e consistente pode existir quanto à natureza civil da compra e venda entre vendedor profissional e consumidor* (cfr. João Calvão da Silva, *Responsabilidade civil do produtor, cit.*, p. 279, nota 2). *Compra e venda civil entre vendedor profissional e consumidor a comprovar: que o Direito (privado) do Consumo faz parte do Direito civil; que os modernamente chamados contratos de consumo são contratos civis*. Neste sentido, entretanto, acórdão da Relação do Porto, de 26 de Junho de 2008 (Processo n.° 0831242): "Do âmbito do Direito do Consumo estão excluídas quer as relações jurídicas entre consumidores, por serem contratos civis, quer as relações jurídicas entre profissionais ou empresas, por serem normalmente contratos mercantis". Resultado este nada surpreendente se não nos ativermos à espuma e superfície das coisas, e antes penetrarmos nas *fundações* do Direito Civil, Direito do cidadão homem comum – e o que é o "consumidor", pessoa singular não profissional contraparte de um profissional? –, Direito geral (também) dos contratos em que reluz o princípio tradicional da protecção da parte fraca.

Nesta visão da profundeza das coisas *compreende-se que, superado o "ocaso da codificação"*, praticado nos últimos decénios, *pelo renascimento da (re)codificação* em ordem a remediar dificuldades de conhecimento da legislação ou de acesso ao Direito e de insegurança jurídica representadas pela diarreia labiríntica de leis avulsas, *a nova tendência* ("solução forte", "solução grande") *seja a da sediação no Código Civil das leis de transposição de Directivas relativas a contratos privados de protecção do consumidor* – cfr. *supra, Nota Introdutória,* n.° 1.3., sem esquecer, ainda: a inserção em 1996 no Código Civil italiano do capítulo XIV Bis – *Dei contratti del consumatore* (arts. 1469 *bis* a 1469 *sexies*), em actuação da Directiva 93/13/CEE relativa a cláusulas abusivas nos contratos estipulados com os consumidores, ora reabsorvidos pelos arts. 33.° a 38.° do *Codice del Consumo*; e a integração no Código Civil francês, em 1998, do novo Título IV *bis* do Livro III – *"De la responsabilité du fait des produits défectueux"* (arts. 1386-1 a 1386-18), em aplicação da Directiva 1985/374/CEE sobre a responsabilidade civil do produtor, neste caso em profunda coerência com a finalidade de protecção da vítima, independentemente da sua qualidade de profissional ou consumidor, a justificar a sua não inclusão no *"Code de la Consommation"*.

2. Objecto da venda: móveis e imóveis

2.1. *Em razão do objecto da compra e venda* entre vendedor profissional e comprador não profissional, *a Directiva define assim bem de consumo: "qualquer bem móvel corpóreo, com excepção: dos bens vendidos por via de penhora, ou qualquer outra forma de execução judicial; da água e do gás, quando não forem postos à venda em volume delimitado, ou em quantidade determinada; da electricidade"* (art. 1.°, n.° 2, al. b)).

O Decreto-Lei n.° 67/2003, na primitiva redacção, não só não dava essa definição como *estendia a aplicação do regime especial transposto a:*

- *Bens imóveis* (cfr. art. 3.°, n.° 2: "coisa móvel corpórea ou coisa *imóvel*"; art. 5.°, n.° 1: "coisa móvel ou *imóvel*"; art. 5.°, n.° 3: "bem móvel ou bem *imóvel;*
- *Bens móveis excepcionados pela Directiva: bens vendidos por via de penhora ou outra forma de execução judicial* (pense-se, *verbi gratia,* na venda judicial de bem empenhado – art. 675.° do Código Civil); *electricidade, água e gás* não postos à venda em volume delimitado ou em quantidade delimitada (garrafas, botijas, etc.), vale dizer, *fornecimento contínuo de água e de gás, como de electricidade,* por empresa ou profissional a consumidor, sem prejuízo, naturalmente, da aplicação da Lei n.° 23/96, de 26 de Julho, destinada a proteger o utente dos serviços públicos essenciais de fornecimento de água, gás, electricidade e telefone – *vide* João Calvão da Silva, *Aplicação da lei n.° 23/96 ao Serviço Móvel de Telefone e natureza extintiva da prescrição referida no seu art. 10.°, in* "Rev. Leg. Jurisp.", Ano 132, p. 133 e segs.; João Calvão da Silva, *Serviços públicos essenciais: alterações à Lei n.° 23/96 pelas Leis n.os 12/2008 e 24/2008, in* Revista de Legislação e Jurisprudência, Ano 137 (Janeiro-Fevereiro de 2008), p. 165 e segs.; *acórdão do Supremo Tribunal de Justiça de 3/12/2009* (Proc. n.° 216/09.4YFLSB-*Uniformização de Jurisprudência*).

Extensão legítima: primeiro, porque estamos *fora* do domínio de aplicação da Directiva, num espaço da mais ampla liberdade do legislador nacional; segundo, para evitar um recuo, *ratione rei,* da protecção do consumidor, uma vez que a Lei de Defesa do Consumidor não se confinava a bens móveis (cfr. art. 4.°, n.° 3, e art. 12.°, n.° 2, da Lei de Defesa do Consumidor, na anterior redacção) nem excepciona quaisquer daqueles bens móveis (cfr. art. 9.°, n.° 8, e a Lei n.° 23/96) e a Directiva reveste natureza mínima.

A referida *extensão objectiva* foi confirmada pelo Decreto-Lei n.° 84/2008, de 21 de Maio, ao manter inalterados os artigos do Decreto-Lei n.° 67/2003 que previam bens imóveis e ao nele introduzir a definição de *"bem de consumo" como "qualquer bem imóvel* ou móvel corpóreo, incluindo os bens em segunda mão" (art. 1.°-B, al. b)).

2.2. Por outro lado, no âmbito da própria Directiva – venda de bens móveis corpóreos entre vendedores profissionais e compradores consumidores –, o legislador nacional não usou a faculdade reconhecida aos Estados-membros de excluírem "os bens em segunda mão adquiridos em leilão, quando os consumidores tenham oportunidade de assistir pessoalmente à venda" (art. 1.°, n.° 3). Não tendo lançado mão desta liberdade intra-Directiva, *o Decreto-Lei de transposição abrange também*, nos bens de consumo, *as coisas em segunda mão adquiridas em leilão,* mesmo que o consumidor-comprador tenha estado presente – dizemos *mesmo* que o consumidor tenha estado presente no leilão, para significar que a aquisição em leilão de bens em segunda mão pelo telefone está no domínio da Directiva, sem espaço de liberdade deixado aos Estados-membros.

Logo, *o Decreto-Lei de transposição aplica-se à venda extrajudicial ou judicial de coisas móveis corpóreas ou materiais (art. 3.°, n.° 2) – incluindo a água, a electricidade e o gás – e de coisas imóveis, novas ou usadas* (art. 5.°, n.° 2), *celebrada entre vendedor profissional* e *comprador não profissional ou consumidor, numa noção subjectiva de "bens de consumo" como coisas vendidas a consumidores por empresários* (art. 1.°-B, al. b)). E, porque a venda é o arquétipo dos contratos onerosos (art. 939.° do Código Civil), este regime especial da compra e venda *deve aplicar-se também* à *troca ou permuta de bens de consumo.*

3. (cont.): A garantia legal nas vendas forçadas

3.1. Não excepcionar do âmbito de aplicação do Decreto-Lei "os bens vendidos por via de penhora ou qualquer outra forma de execução judicial" (art. 1.°, n.° 2, al.b), da Directiva, na esteira do art. 2.°, al. c), da Convenção de Viena) significa *reconhecer ao comprador ou adjudicatário direito à garantia legal nas vendas forçadas, tal como nas vendas voluntárias.*

Mas põe-se a questão de saber *quem considerar como vendedor, responsável legal pelos vícios da coisa, defeitos de qualidade ou conformidade, perante o adquirente-consumidor: o Estado, o credor exequente ou o devedor executado?*

3.2. *Não deve ser o Estado,* pois o Juiz ou o Agente de Execução (art. 808.° do Código de Processo Civil) que realize a venda ou adjudicação a pedido de um credor contra um devedor, emprestando a força do *factum principis* nos termos processuais, não desempenha papel diferente do Notário na outorga de escrituras públicas de venda.

3.3. *Poderia pensar-se no devedor executado:* afinal, ele é o proprietário da coisa penhorada; ele é que fica sem a propriedade da coisa vendida ou adjudicada, transferida para o adquirente ou adjudicatário, independentemente ou mesmo contra a sua vontade – com a sua declaração de venda substituída pela decisão da justiça, à semelhança da sentença proferida na execução específica do contrato-promessa (art. 830.° do Código Civil) –, em virtude de a coisa penhorada integrar o seu património e servir de garantia geral (art. 601.° do Código Civil) ou garantia especial dos credores, que repartem entre si o produto da venda (o preço sucede à coisa no património) consoante a preferência de que gozem.

3.4. *É diferente, porém, a solução da lei portuguesa na venda forçada de coisa onerada* (art. 905.° e segs. do Código Civil) por vícios do direito ou vícios em direito – cfr. João Calvão da Silva, *Compra e venda de empresas, in* "Estudos de Direito Comercial", Coimbra, 1996, p. 149 e segs.; *Idem, Compra e venda de coisas defeituosas, cit.*, §5.

Com efeito, se, depois da venda de coisa onerada, a anulação da venda e a indemnização do comprador não puderem ser decididas pelo Juiz no processo de execução, depois de ouvido o exequente, o executado, os credores interessados e de examinadas as provas produzidas, por insuficiência dos elementos (art. 908.°, n.° 2, do Código de Processo Civil), *o comprador é remetido para a acção competente, a intentar contra o credor ou credores a quem tenha sido ou deva ser atribuído o preço da venda* (art. 908.°, n.° 3, do Código de Processo Civil). Do mesmo passo, *no caso de falta ou nulidade da citação do executado,* em que a partir da venda tenha decorrido o tempo necessário para a usucapião, *o executado,* que já não poderá requerer a anulação da execução, *ficará apenas com o direito de exigir do exequente,* no caso de *dolo ou de má fé* deste, *a indemnização do prejuízo sofrido,* se esse direito não tiver prescrito entretanto (art. 921.° do Código de Processo Civil). E ainda *no art. 864.°, n.° 11,* do mesmo Código, a falta de citação de qualquer pessoa prevista no mesmo preceito confere-lhe *o direito de ser indemnizada pelo exequente ou outro credor pago em vez dela,* segundo as regras do enriquecimento sem causa, sem prejuízo da responsabilidade civil, nos termos gerais, da pessoa a quem seja imputável a falta de citação.

Subjacente à opção legislativa pelos credores como garantes do comprador ou adjudicatário de coisa onerada em vendas forçadas está o facto de os mesmos receberem todo ou parte do preço da venda para se pagarem dos seus créditos: "credor ou credores a quem tenha sido ou deva ser *atribuído o preço da venda*". Sendo esta a decisiva *ratio legis,* e verificando-se ela igualmente na venda forçada de coisas defeituosas por falta de qualidade ou não conformidade com o contrato, devemos considerar vendedor, responsável pela garantia legal, também o credor exequente ou credores a quem se atribua o preço da venda. Bem vistas as coisas, *a garantia contra os vícios do direito e a garantia contra os vícios da coisa merecem idêntico tratamento, eadem ratio: contrapartida do preço pago pelo comprador e recebido pelo credor ou credores nas vendas forçadas* de bens por via de "penhora ou qualquer outra forma de execução judicial" (art. 1.°, n.° 2, al. b), primeiro travessão, da Directiva).

3.5. E assim, ao afastar-se da solução da Directiva, semelhante à do art. 1649.° do Código Civil francês ["ela (a garantia) não tem lugar nas vendas feitas por autoridade de justiça"] e à do art. 2922.° do Código Civil italiano ("na venda forçada não há lugar a garantia por vícios da coisa"), o legislador português continua a assegurar ao comprador em vendas forçadas, como nas vendas voluntárias, a garantia legal, em contrapartida do preço por ele pago tanto numas como noutras – sem prejuízo da acção directa contra o fabricante ou seu representante (cfr. *infra*, anotação ao art. 6.°).

Tenha-se ainda presente que no prazo da oposição à execução *o executado deve indicar os direitos, ónus e encargos não registáveis sobre o bem penhorado*, bem como os respectivos titulares, *sob pena de ser condenado como litigante de má fé*, nos termos gerais (art. 864, n.° 7, do Código de Processo Civil) – *doutrina a aplicar, por identidade de razão, nos vícios físicos da coisa penhorada de que o executado tenha conhecimento ou não possa razoavelmente ignorar.*

Naturalmente, *aos vícios das coisas adquiridas em leilão* (privado ou público, não judicial), presencialmente ou telefonicamente, *aplica-se também o regime da garantia legal*. Veja-se ainda, a este respeito, o disposto no art. 907.°, n.° 2, do Código de Processo Civil, nos termos do qual o *leilão será anulado* quando as irregularidades cometidas hajam viciado o resultado final da licitação, *sendo o dono do estabelecimento condenado na reposição do que tiver embolsado, sem prejuízo da indemnização pelos danos que haja causado.*

II. Anotações ao n.º 2

1. Extensão a contratos de fornecimento de bens de consumo

O novo n.º 2 do art. 1.º-A introduzido pelo Decreto-Lei n.º 84/ /2008 corresponde ao ex n.º 2 do art. 1.º do Decreto-Lei n.º 67/ /2003, na primitiva redacção, com a aplicação do regime da venda de bens de consumo a duas outras formas negociais. A primeira configura uma equiparação em linha com o n.º 4 do art. 1.º da Directiva: "são igualmente considerados contratos de compra e venda os contratos de fornecimento de bens de consumo a fabricar ou a produzir". Já a inclusão da segunda modalidade negocial – "locação de bens de consumo" – representa uma clara expansão para fora das fronteiras da Directiva, que o legislador nacional entendeu fazer no uso legítimo da sua liberdade, não tolhida por aquela.

Num como noutro dos casos, importa ter sempre bem presente que a *noção de bens de consumo é subjectiva: qualquer coisa móvel ou imóvel a fabricar* (*ou a produzir,* caso de produtos naturais agrícolas) *ou a locar pode dizer-se bem de consumo, desde que fornecida ou dada em locação a consumidor* (pessoa singular fora da veste de profissional) *por empresário*. Neste sentido, entretanto: Acórdão do STJ, de 3/6/2004 (Proc. n.º 04B694) – "grande parte dos contratos de empreitada está hoje sujeita à lei de defesa do consumidor; basta que a obra se destine a uso não profissional do dono da obra"; acórdão da Relação de Lisboa, de 9 de Fevereiro de 2010 (Processo n.º 72/08.OTBPST.L1-7).

1.1. *Na amplitude da expressão "contratos de fornecimento de bens de consumo a fabricar ou a produzir" incluem-se as empreitadas de coisas* – coisas móveis ou imóveis, específicas ou genéricas – *firmadas por consumidores,* a fabricar ou produzir com materiais fornecidos pelo empreiteiro ou pelo dono da obra (cfr. art. 1212.º, n.º 1, do Código Civil) – por exemplo, António encomenda uma mobília para a sua casa de habitação, a fabricar pelo industrial B mediante um preço, sejam os materiais fornecidos pelo primeiro ou pelo segundo. Neste sentido, o disposto no art. 2.°, n.° 3, *in fine,* em que a falta de conformidade decorrente dos materiais fornecidos pelo consumidor exclui a responsabilidade do fornecedor do bem.

Desta maneira, pela igualdade de regime, o legislador (comunitário e nacional) dispensa ao consumidor a qualificação do "fornecimento de bens de consumo a fabricar ou a produzir" como venda ou empreitada – já se *A* entra num estabelecimento comercial e compra uma mobília de quarto em exposição, nenhuma dúvida quanto à qualificação com compra e venda.

Diferentemente, a Convenção de Viena de 1980, cujo art. 3.°, n.° 1, reza como segue:

> "São considerados de compra e venda os contratos de fornecimento de mercadorias a fabricar ou a produzir, a menos que a parte que as encomende tenha de fornecer uma *porção essencial* dos elementos materiais necessários para o fabrico ou produção".

Por força desta norma, na Convenção de Viena só é considerada compra e venda a empreitada de construção (fabrico ou produção) de coisa móvel com materiais fornecidos, no todo ou na sua maior parte, pelo empreiteiro. É o *"Werklieferungsvertrag",* contrato misto de compra e venda e de empreitada, também chamado *"Werkskauf"* (compra de obra) e *"Kaufwerkvertrag"* (contrato de obra de compra), que pode ser visto como uma espécie de contrato de empreitada (cfr. arts. 1210.° e 1212.°, n.° 1, 1.ª parte, do nosso Código Civil) ou como um tipo especial de compra e venda, a que o § 651.° do BGB manda aplicar as disposições sobre a compra e venda.

1.2. *Assimilados à venda* (com entregas fraccionadas ou repartidas) *estão, também, os fornecimentos duradouros, continuados, reiterados ou periódicos de bens de consumo como água, gás, electricidade, leite, pão, jornais, revistas, sofware contido em suporte material* (note-se a noção de bem de consumo no art. 1.°-B, al. b): *móvel corpóreo*), etc.

Este o sentido que defendíamos em face do n.° 2 do art. 1.° do Decreto-Lei n.° 67/2003, primitiva redacção, ora expressamente vertido no novo art. 1.°-A, n.° 2 — *"bens de consumo fornecidos no âmbito* de um contrato de empreitada ou *de outra prestação de serviços..."* —, sendo irrelevante a preponderância do *dare* ou do *facere* no conteúdo do negócio jurídico concluído pelo consumidor.

Ao invés, excluídos do âmbito de aplicação da nova legislação estão os contratos de mera reparação, conservação ou manutenção de bens que o consumidor já possua, bem como as demais prestações de serviços – mesmo as relativas aos bens de consumo vendidos ou fornecidos, designadamente os serviços pós-venda e de assistência e manutenção para o período ulterior à conclusão do contrato –, *com excepção dos serviços de instalação da coisa vendida ou fornecida* (art. 2.°, n.° 4): pense-se na má instalação de *software* adquirido pelo consumidor e compreenda-se a sua equiparação a falta de conformidade, por forma a o lesado poder pretender o ressarcimento do dano sobrevindo em termos de causalidade adequada.

2. **Extensão a locação de bens de consumo**

2.1. Completamente fora das fronteiras da Directiva encontra-se a *"locação de bens de consumo"*, que a lei nacional inclui.

"Locação de bens de consumo" existe nos clássicos arrendamentos de imóveis para habitação própria e do agregado familiar de pessoas singulares *e nos clássicos alugueres* de coisas móveis para consumidores (art. 1022.° e segs. do Código Civil e ex-Regime do Arrendamento Urbano – RAU). Logo, a par do direito comum (arts. 1032.°, 1034.°, 1035.°, 1040.° e 1050.° do Código Civil – cfr. João Calvão da Silva, *Responsabilidade civil do produtor, cit.*, p. 226 a 229; *Idem, Compra e venda de coisas defeituosas, cit.*, n.° 47), os vícios da coisa locada subsumem-se ao regime especial da compra e venda de bens de consumo, com as eventuais e justificadas acomodações.

"Locação de bens de consumo" é, seguramente, o *aluguer de longa duração,* nomeadamente de automóveis.

2.2. *"Locação de bens de consumo" é ainda,* e também seguramente, o *leasing* ou *locação financeira* mobiliária ou imobiliária, regulado pelo Decreto-Lei n.° 149/95, de 3 de Novembro. Mas *para efeitos dos vícios físicos ou falta de conformidade da coisa locada, responsável é o vendedor ou o empreiteiro,* consoante o caso, *e não o locador* – locador que só pode ser um Banco (art. 4.°, n.° 1, al. b), do Decreto-Lei n.° 298/92, de 31 de Dezembro), uma Caixa Económica, a Caixa de Crédito Central Agrícola, uma Sociedade de Locação Financeira (Decreto-Lei n.° 72/95, de 15 de Abril) ou uma Instituição Financeira de Crédito (Decreto-Lei n.° 186/2002, de 21 de Agosto) –, nos termos do disposto nos arts. 12.° e 13.° do Decreto-Lei n.° 149/95. *Já pelos vícios do direito,* previstos no art. 1034.° do Código Civil, *responde o locador* (art. 12.°, 2.ª parte, do Decreto-Lei n.° 149/95).

2.3. *"Locação de bens de consumo" constitui,* por fim, *a chamada locação-venda:* loca-se uma coisa, com a cláusula de que ela se tornará *automaticamente* propriedade do locatário depois de satisfeitas todas as rendas ou alugueres pactuados (cfr. art. 936.°, n.° 2, do Código Civil) – diferentemente, na locação financeira a transferência da propriedade para o locatário só ocorre se este exercer a impropriamente chamada "opção de compra", melhor se dirá, se exercer o direito de crédito à celebração do contrato prometido decorrente do *contrato-promessa unilateral de venda* (cfr. João Calvão da Silva, *Direito bancário,* Coimbra, 2001, p. 419).

Artigo 1.°-B
Definições

Para efeitos de aplicação do disposto no presente decreto-lei, entende-se por:

a) «Consumidor», aquele a quem sejam fornecidos bens, prestados serviços ou transmitidos quaisquer direitos, destinados a uso não profissional, por pessoa que exerça com carácter profissional uma actividade económica que vise a obtenção de benefícios, nos termos do n.° 1 do artigo 2.° da Lei n.° 24/96, de 31 de Julho;

b) «Bem de consumo», qualquer bem imóvel ou móvel corpóreo, incluindo os bens em segunda mão;

c) «Vendedor», qualquer pessoa singular ou colectiva que, ao abrigo de um contrato, vende bens de consumo no âmbito da sua actividade profissional;

d) «Produtor», o fabricante de um bem de consumo, o importador do bem de consumo no território da Comunidade Europeia ou qualquer outra pessoa que se apresente como produtor através da indicação do seu nome, marca ou outro sinal identificador no produto;

e) «Representante do produtor», qualquer pessoa singular ou colectiva que actue na qualidade de distribuidor comercial do produtor e ou centro autorizado de serviço pós-venda, à excepção dos vendedores independentes que actuem apenas na qualidade de retalhistas;

f) «Garantia legal», qualquer compromisso ou declaração assumido por um vendedor ou por um produtor perante o consumidor, sem encargos adicionais para este, de

reembolsar o preço pago, substituir, reparar ou ocupar-se de qualquer modo de um bem de consumo, no caso de este não corresponder às condições enumeradas na declaração de garantia ou na respectiva publicidade;

g) **«Garantia voluntária», qualquer compromisso ou declaração, de carácter gratuito ou oneroso, assumido por um vendedor, por um produtor ou por qualquer intermediário perante o consumidor, de reembolsar o preço pago, substituir, reparar ou ocupar-se de qualquer modo de um bem de consumo, no caso de este não corresponder às condições enumeradas na declaração de garantia ou na respectiva publicidade;**

h) **«Reparação», em caso de falta de conformidade do bem, a reposição do bem de consumo em conformidade com o contrato.**

I. Anotações

1. Noção de Consumidor

A *noção de consumidor* (al. a)) é a repetição da contida no n.° 1 do art. 2.° da Lei de Defesa dos Consumidores, para que de modo enxuto remetia o n.° 1, *in fine,* do art. 1.° do Decreto-Lei n.° 67/ /2003, na primitiva redacção. Não reveste, pois, carácter inovador a nova al. a) do art. 1.°-B.

A confinação de consumidor a pessoa singular corresponde, não só à da Directiva transposta – (art. 1.°, n.° 2, al. a)): *"pessoa singular que actue com objectivos alheios à sua actividade comercial ou profissional"* –, como às das demais Directivas sobre a protecção do consumidor que têm surgido desde o *"Programa Preliminar da CEE para uma Política de Protecção e de Informação do Consumidor"*, de 1975 – comprador e utilizador de bens e serviços para o próprio uso pessoal, familiar ou colectivo –, passando pelo *Tratado de Maastricht* de Fevereiro de 1992, que *introduziu o art. 129.°-A dedicado expressamente à Protecção dos Consumidores,* actual art. 169.° do Tratado Sobre o Funcionamento da União Europeia.

Apenas a título exemplificativo, vejam-se: a Directiva 577/85//CEE relativa a contratos negociados fora dos locais comerciais; a Directiva 93/13/CEE relativa às cláusulas abusivas nos contratos celebrados com os consumidores; a Directiva 97/7/CEE relativa à protecção dos consumidores nos contratos à distância; a Directiva 98/6/CEE relativa à protecção dos consumidores em matéria de indicação de preços; a Directiva 2000/31/CEE relativa a alguns aspectos jurídicos dos serviços da sociedade de informação no mercado interno e comércio electrónico.

2. **Noção de bem de consumo**

A noção de bem de consumo (al. b)) é mais abrangente do que a da Directiva transposta, circunscrita a bem móvel corpóreo (art. 1.°, n.° 2, al. b)).

Salta à vista a extensão da lei portuguesa a bens imóveis, bem como a bens móveis excepcionados pela Directiva (cfr. *supra,* anotação 2 ao n.° 1 do art. 1.°-A).

3. **Noção de Vendedor**

A noção de vendedor (al.c)) corresponde ipsis verbis à da Directiva (art. 1.°, n.° 2, al. c)).

Naturaliter, a noção de vendedor inclui a de empreiteiro ou prestador de serviços abrangidos pelo n.° 2 do art. 1.°-A (ex n.° 2 do art. 1.°) — contratos de fornecimento de bens de consumo a fabricar ou produzir e contratos de troca ou escambo —, bem como a de locador de bens de consumo (cfr. *supra,* anotações ao n.° 2 do art. 1.°-A).

4. Noção de Produtor

A noção de produtor dada na alínea d) corresponde à do n.° 4 do art. 6.° do Decreto-Lei n.° 67/2003, primitiva redacção, ora revogado pelo Decreto-Lei n.° 84/2008, reproduzindo a definição dada pela Directiva 1999/44/CE, na alínea d) do n.° 2 do art. 1.°.

I – *Produtor real*

A alínea d) dá a noção de produtor, reproduzindo a definição dada pela Directiva 1999/44/CE, na al. d) do n.° 2 do art. 1.°.

4.1. Em primeiro lugar, *o fabricante de um bem de consumo,* a não dever ser interpretado em sentido estrito, com exclusão do produtor de bens de consumo naturais, por exemplo, produtos agrícolas do solo, da caça e da pesca.

Fabricante de um bem de consumo é o produtor real, aquele empresário ou profissional que de facto, na realidade, produz ou fabrica um bem de consumo, unidade compósita e complexa como se se tratasse de um único bem (automóvel, avioneta, televisão, medicamento, frigorífico, máquina de lavar, etc.) ou suas partes componentes. Nas palavras do n.° 1, 1.ª parte, do art. 2.° do Decreto-Lei n.° 383/89, de 6 de Novembro: *"Produtor é o fabricante do produto acabado, de uma parte componente ou de matéria prima".*

4.2. A esta noção de produtor, não cingida ao fabricante do produto acabado, não pode opor-se a não previsão no n.° 2 deste art. 6.° da causa de exclusão de responsabilidade constante da al. f) do art. 5.° do Decreto-Lei n.° 383/89 – o produtor não é responsável, podendo opor-se à acção directa do consumidor, se provar "que, no caso de parte componente, o defeito é imputável à concepção do produto em que foi incorporado ou às instruções dadas pelo fabricante do mesmo".

Por um lado, veremos que essa previsão expressa surge perfeitamente dispensável, sem prejuízo do resultado (cfr. *infra, Anotações ao n.° 2 do art. 6.°, 1.1. a 1.3.*).

Por outro lado, e sobretudo, porque a responsabilidade do produtor da parte componente ou matéria – prima defeituosa, a tornar não conforme ao contrato o produto final, em regime de solidariedade com o produtor do produto acabado, só favorece o consumidor que, designadamente na hipótese extrema de desaparecimento do vendedor final e do produtor do bem acabado, tem tudo a ganhar numa acção directa contra o produtor da parte componente cuja defeituosidade se repercutiu no produto acabado em termos de justificar a sua reparação ou substituição da peça em causa. Por que razão pertinente não há-de ser possível a acção directa contra esse produtor da peça ou parte componente, se em última instância é ele o grande responsável pela falta de conformidade do bem de consumo? Afinal a omissão do produtor do produto acabado não apaga nem sana o acto do produtor da parte componente com defeito repercutente no produto final como bem único. Cfr. João Calvão da Silva, *Responsabilidade civil do produtor, cit.*, n.° 94, p. 545 e segs.

II – ***Produtor presumido***

4.3. Em segundo lugar, considera-se também produtor "o importador do bem de consumo no território da Comunidade".

É o chamado *produtor presumido*, coincidente com o n.° 2, al. a), do Decreto-Lei n.° 383/89: "aquele que, na Comunidade Europeia e no exercício da sua actividade comercial, importe do exterior da mesma produtos para venda, aluguer, locação financeira ou outra qualquer forma de distribuição".

4.4. Esta assimilação (*iuris et de iure*) ao produtor do *importador profissional* no território da Comunidade Europeia de produtos provenientes de fora dela visa proteger o consumidor, dispensando-o da dificuldade e da incomodidade de propositura de uma acção directa contra produtor extracomunitário, sobretudo no plano da acção executiva. O que não acontece no espaço da CE, em que a ex-Convenção de Bruxelas, de 27 de Setembro de 1968, ora o *Regulamento 44/2001 do Conselho*, de 22 de Dezembro de 2000, *relativo à competência judiciária, ao reconhecimento e à execução das decisões em matéria civil e comercial* (JOCE L12/1, de 16 de Janeiro de 2001), facilita a acção do consumidor contra produtor estabelecido noutro Estado-membro e concede a execução da sentença do tribunal do seu domicílio no Estado do fabricante de forma expedita, sem necessidade da revisão do mérito da sentença (Cfr. João Calvão da Silva, *Responsabilidade civil do produtor*, cit., n.° 96, p. 554 e segs.).

III – ***Produtor aparente***

4.5. Em terceiro lugar, considera-se ainda produtor *"qualquer outra pessoa que se apresente como produtor através da indicação do seu nome, marca ou outro sinal identificador no produto"*.

É o chamado *produtor aparente*, semelhantemente ao previsto na 2.ª parte do n.° 1 do art. 2.° do Decreto-Lei n.° 383/89 ("quem se apresente como tal pela aposição no produto do seu nome, marca ou outro sinal distintivo").

4.6. O conceito engloba sobretudo os distribuidores, os grossistas, as cadeias comerciais e as empresas de venda por correspondência que sob o seu próprio nome, firma ou marca, oferecem e lançam no mercado produtos, principalmente bens de grandes séries, fabricados as mais das vezes segundo as suas instruções por terceiros que permanecem anónimos perante o público. É esta aparência, esta impressão de produção própria assim provocada, que justifica e fundamenta a extensão do conceito de produtor a tais pessoas singulares ou colectivas: apresentando o produto como próprio, elas surgem aos olhos do consumidor naquela veste, *como se fossem produtores reais,* não gozando, por isso, de prova liberatória. Cfr. João Calvão da Silva, *Responsabilidade civil do produtor, cit.*, n.° 95, p. 550 e segs.

5. **Noção de representante do produtor**

A noção de representante do produtor dada na alínea f) é a do n.° 5 do art. 6.° do Decreto-Lei n.° 67/2003, primitiva redacção, ora revogado pelo Decreto-Lei n.° 84/2008.

5.1. A alínea e) considera representante do produtor o *distribuidor comercial (dos produtos) do produtor e ou prestador autorizado do serviço de assistência pós-venda, à excepção dos vendedores independentes que actuem apenas na qualidade de retalhistas.*

Presente o modelo da separação ou *cisão entre a produção e o comércio*, em nome da racionalização e do fraccionamento de riscos, com a acentuação da distribuição em cadeia dos produtos por empresas especializadas e independentes do produtor. Quer dizer, as empresas produtoras sentiram necessidade de ultrapassar os tradicionais quadros de venda em grosso e de comércio a retalho, coordenando as fases produtiva e distributiva dos seus produtos, sem, contudo, anular a autonomia jurídica dos intermediários envolvidos: *"intermediários-colaboradores" especializados, mas ligados ao produtor por uma relação estável e duradoura, em última análise integrados na organização produtiva*. E assim, através de acordos de distribuição, surge uma *rede comercial distributiva economicamente integrada na produção* – "integração vertical" – que permite ao produtor fazer chegar os seus produtos de modo mais eficaz ao consumidor (Cfr. João Calvão da Silva, *Responsabilidade civil do produtor, cit.*, p. 11 e segs., especialmente o n.° 6; *Idem, Concessão comercial e direito da concorrência, in* "Estudos Jurídicos", Coimbra, 2001, p. 185 e segs.; Pinto Monteiro, *Direito comercial. Contratos de distribuição comercia*l, Coimbra, 2001).

5.2. Umas vezes, como na agência e na comissão, os "intermediários-colaboradores" não chegam a adquirir, pelos contratos de distribuição, os produtos que distribuem: agem por conta da empresa produtora, que poupa nos custos mas suporta grande parte dos riscos respectivos.

Outras vezes, os distribuidores adquirem os produtos e revendem-nos por conta própria, suportando o risco e despesas da distribuição. Nestes casos a integração económica do intermediário tem variações de grau, sendo, por ordem crescente, *mais ténue na chamada distribuição autorizada do que na dita distribuição selectiva, média na concessão comercial e intensa no franchising.*

Onde exista contrato de distribuição celebrado entre o produtor (real, presumido ou aparente) e o distribuidor-intermediário, este, como o agente (veja-se o art. 2.°, n.° 2, do Decreto-Lei n.° 176/86, de 3 de Julho), o concessionário e o franquiado é considerado representante do produtor para efeitos de responsabilidade solidária perante o consumidor.

De fora ficam os "vendedores *independentes* que actuem *apenas* na qualidade de retalhistas", ou seja, as pessoas que compram para revenda a retalho, *comerciantes independentes ou não dependentes,* que não fazem parte da rede comercial distributiva economicamente integrada na produção e, portanto, sem qualquer relação negocial com o produtor ou de dependência económica do produtor, seja o produtor real, o produtor presumido ou o produtor aparente.

6. **Noção de garantia legal**

A noção de *garantia legal* dada na al. f) corresponde à da alínea e) do n.° 2 do art. 1.° da Directiva:

> "Qualquer compromisso assumido por um vendedor ou um produtor perante o consumidor, sem encargos adicionais para este, de reembolsar o preço pago, substituir, reparar ou ocupar-se de qualquer modo de um bem de consumo, no caso de este não corresponder às condições enumeradas na declaração de garantia ou na respectiva publicidade"

Sublinhe-se: a garantia legal é gratuita, sem encargos adicionais (leia-se, sem outros encargos que não os resultantes da lei) para o consumidor, por forma a evitar que sob a capa da garantia se onere, dificulte, restrinja (ou na prática renuncie a) o exercício dos direitos reconhecidos por lei aos consumidores. Daí a obrigatoriedade de a garantia voluntária mencionar, por um lado, o seu carácter gratuito (art. 9.°, n.° 3, al. b)), e, por outro, que o consumidor goza dos direitos legais, por ela não afectados (art. 9.°, n.° 3, al. a)), em ordem a não o induzir em erro: a garantia deve ser clara e transparente, ficando o consumidor consciente de que a dita "garantia legal" não lhe atribui benefícios diferentes dos direitos resultantes directa e imediatamente da lei (cfr. *infra,* anotações ao art. 9.°).

7. **Noção de garantia voluntária**

A alínea g) dá a seguinte noção de garantia voluntária:

> "Qualquer compromisso ou declaração, de carácter gratuito ou oneroso, assumido por um vendedor, por um produtor ou por qualquer intermediário perante o consumidor, de reembolsar o preço pago, substituir, reparar ou ocupar-se de qualquer modo de um bem de consumo, no caso de este não corresponder às condições enumeradas na declaração de garantia ou na respectiva publicidade".

Registe-se: *a garantia voluntária pode ser gratuita ou onerosa:*

Por isso, *a garantia voluntária deve mencionar clara e inequivocamente se é gratuita ou onerosa e, neste caso, indicar os encargos adicionais a suportar pelo consumidor* (art. 9.°, n.° 3, al. b)), nomeadamente os relativos às *despesas de transporte, de mão-de-obra e de material* (art. 9.°, n.° 3, al. c), *in fine;* art. 4.°, n.° 3). Mais do que isso: a garantia voluntária deve mencionar (ainda) os *benefícios que concede e as condições ou pressupostos da sua concessão ao consumidor* (art. 9.°, n.° 3, al. c), primeira parte), *sem prejuízo dos direitos legais* (art. 9.°, n.° 3, al. a)), *evidenciando-se, assim, a sua natureza complementar da garantia legal.*

8. Noção de reparação

Ao definir "reparação" como reposição do bem de consumo em conformidade com o contrato, a al. h) reproduz a al. f) do n.° 2 do art. 1.° da Directiva e vai de encontro ao n.° 1 do art. 4.°: reposição da conformidade pela reparação ou substituição da coisa.

ARTIGO 2.º
Conformidade com o contrato

1 – O vendedor tem o dever de entregar ao consumidor bens que sejam conformes com o contrato de compra e venda.

2 – Presume-se que os bens de consumo não são conformes com o contrato se se verificar algum dos seguintes factos:

_a_) Não serem conformes com a descrição que deles é feita pelo vendedor ou não possuírem as qualidades do bem que o vendedor tenha apresentado ao consumidor como amostra ou modelo;

_b_) Não serem adequados ao uso específico para o qual o consumidor os destine e do qual tenha informado o vendedor quando celebrou o contrato e que o mesmo tenha aceitado;

_c_) Não serem adequados às utilizações habitualmente dadas aos bens do mesmo tipo;

_d_) Não apresentarem as qualidades e o desempenho habituais nos bens do mesmo tipo e que o consumidor pode razoavelmente esperar, atendendo à natureza do bem e, eventualmente, às declarações públicas sobre as suas características concretas feitas pelo vendedor, pelo produtor ou pelo seu representante, nomeadamente na publicidade ou na rotulagem.

3 – Não se considera existir falta de conformidade, na acepção do presente artigo, se, no momento em que for celebrado o contrato, o consumidor tiver conhecimento dessa falta de conformidade ou não puder razoavelmente ignorá-la ou se esta decorrer dos materiais fornecidos pelo consumidor.

4 – A falta de conformidade resultante de má instalação do bem de consumo é equiparada a uma falta de conformidade do bem, quando a instalação fizer parte do contrato de compra e venda e tiver sido efectuada pelo vendedor, ou sob sua responsabilidade, ou quando o produto, que se prevê que seja instalado pelo consumidor, for instalado pelo consumidor e a má instalação se dever a incorrecções existentes nas instruções de montagem.

I. Anotações ao n.° 1

1. Obrigação de entregar coisa conforme ao contrato

1.1. Constatando que as principais dificuldades encontradas pelos consumidores, e a principal fonte de conflitos com os vendedores, se referem à não conformidade dos bens com o contrato (considerando n.° 6), o n.° 1 do art. 2.° da Directiva estatui da seguinte forma:

> "O vendedor tem o dever de entregar ao consumidor bens que sejam conformes com o contrato de compra e venda".

1.2. A esta norma corresponde, *ipsis verbis,* o n.° 1 do artigo aqui e agora anotado.

Pena que a Directiva não tenha abrangido os chamados vícios do direito e que o legislador nacional a eles não tenha estendido o regime, numa configuração unitária da garantia contra vícios materiais e vícios jurídicos consagrada no velho Código Civil Austríaco e agora no novo "BGB" (§ 433, n.° 2, e § 437). É que o vendedor tem a obrigação de entregar a coisa também isenta de vícios jurídicos. Mas o seu regime continua a ser o geral (art. 905.° e segs. do Código Civil).

2. **Conformidade ou pontualidade do cumprimento**

2.1. *A obrigação de conformidade com o contrato* aqui imposta, na linha do art. 35.° da Convenção de Viena de 1980 – "o vendedor deve entregar mercadorias que, pela sua quantidade, qualidade e tipo *correspondam* às previstas no contrato..." –, *está contida no grande princípio da pontualidade ou conformidade do cumprimento,* "base comum às diferentes tradições jurídicas nacionais" dos Estados-membros da Comunidade Europeia (considerando 7 da Directiva).

Porque canonizado no nosso direito (arts. 406.°, 763.°, 879, al. b), art. 882.°), *o princípio da conformidade ou pontualidade do cumprimento dos contratos dispensava ou não tornava obrigatória a transposição do conceito "conformidade com o contrato":* na execução da obrigação de entrega da coisa, o vendedor deve respeitar escrupulosamente o contrato, pela *traditio da coisa convencionada e nos termos devidos, isenta de vícios ou defeitos,* não podendo o comprador ser constrangido a receber coisa diversa da devida (cfr. João Calvão da Silva, *Compra e venda de coisas defeituosas, cit.*, n.os 3, 12 e 13). Nesta ordem de ideias, o novo § 434 do BGB manteve, no seu n.° 1, a clássica terminologia de vício da coisa (*Sachmangel*).

Não se apresenta, pois, revolucionária ou sequer inovadora a obrigação de conformidade adoptada pela Directiva, se confrontada com a disciplina da empreitada e mesmo da compra e venda no Código Civil e na Lei n.° 24/96 de Defesa do Consumidor: já em face destas regras o fornecedor (vendedor e empreiteiro) só cumpre bem (cumprimento exacto ou perfeito) a sua obrigação, se entregar uma coisa ou obra conforme ao contrato, de modo a que a coisa ou a obra recebida seja a devida na sua *Sollbeschaffenheit,* correspondente à vontade das partes vertida nas cláusulas ou presumida e integrada por aplicação de regras objectivas (art. 913.°, n.° 2, arts. 236.° e 239.°). Nem sequer a terminologia constitui novidade: veja-se o art. 1207.° do Código Civil ("O empreiteiro deve executar a obra *em conformidade com o que for convencionado, e sem vícios..*"); veja-

-se o art. 1043.°, n.° 1 ("... o locatário é obrigado a manter e restituir a coisa... *em conformidade com os fins do contrato*"); veja-se o art. 469.° do Código Comercial ("...cousa *conforme* à amostra..."); veja-se o art. 908.°, n.° 1, do Código de Processo Civil ("...*falta de conformidade com o que foi anunciado*..."); veja-se o art. 149.°, n.° 1, do Código dos Valores Mobiliários ("...desconformidade do conteúdo do prospecto com o disposto no..."), etc.

2.2. Repare-se que mesmo *o art. 879.° não elenca, nos efeitos essenciais da compra e venda, a obrigação de garantia dos defeitos,* diferentemente do Código Civil francês – "há duas obrigações principais, a de entregar e a de garantir a coisa que vende" (art. 1603.°) – e do Código Civil italiano – "As obrigações principais do vendedor são: 1) a de entregar a coisa ao comprador; 2)……; 3) a de garantir o comprador da evicção e dos vícios da coisa" (art. 1476.°).

Aspecto que não pode deixar de constituir argumento sistemático em prol da já antes existente *obrigação de entrega da coisa conforme ao contrato, englobante da tradicional distinção,* feita em Códigos como o Francês e o Italiano, *entre obrigação de entrega e garantia legal por defeitos*. Pelo que, já em face do direito comum português, o comprador tem direito ao exacto cumprimento do contrato, traduzido na recepção do bem devido (o bem contratado) e não de qualquer bem. Ou seja, a fim de *poder considerar-se cumprida a obrigação de entrega a cargo do vendedor, não basta que o comprador receba "um" bem: exige-se ainda que o bem recebido corresponda ao bem devido por contrato,* complexivamente interpretado e integrado, superadas ou fundidas quer a tradicional distinção entre obrigação de entrega e obrigação legal de garantia por vícios ocultos, quer a controversa e controvertida distinção entre vício, falta de qualidade essencial ou assegurada e *aliud pro alio* (cfr. João Calvão da Silva, *Responsabilidade civil do produtor, cit.,* p. 181 e segs.; *Idem, Compra e venda de coisas defeituosas, cit.,* § 6, sobretudo n.os 27 a 30).

Por este incumprimento, melhor, cumprimento imperfeito, traduzido em desconformidade, falta de conformidade ou não conformidade, a provar pelo comprador, pode ser chamado a responder o vendedor.

2.3. Já se, no momento da conclusão do contrato, o consumidor tiver conhecimento do defeito ou não puder razoavelmente ignorá-lo, não se considera existir falta de conformidade (*infra*, anotação ao n.° 3).

II. Anotações ao n.° 2

1. Presunções de conformidade

1.1. Ao constatar que em determinadas tradições jurídicas nacionais nem sempre é possível confiar unicamente no princípio da conformidade com o contrato para garantir aos consumidores um nível mínimo de protecção, podendo, por isso, ser *úteis disposições nacionais suplementares* destinadas a garantir a protecção dos consumidores nos casos em que as partes não acordaram em cláusulas contratuais específicas ou em que as partes acordaram em cláusulas ou firmaram acordos que directa ou indirectamente anulam ou restringem os direitos dos consumidores (considerando n.° 7), a Directiva, *para facilitar a aplicação do princípio da conformidade com o contrato (considerando n.° 8), introduziu presunções (ilidíveis) de conformidade no n.° 2 do mesmo art. 2.°.*

O objectivo a prosseguir apresenta-se claro: *harmonizar,* minimamente, os *critérios, parâmetros e soluções para determinar a coisa contratualmente devida, na falta de cláusulas específicas.*

Dito de outro modo, *essas presunções*, abrangentes de situações as mais correntes, *valem como regras legais de integração do negócio jurídico,* destinadas a precisar o que é devido contratualmente na ausência ou insuficiência de cláusulas que adrede fixem as características e qualidades da coisa a entregar ao consumidor em execução do programa negocial adoptado pelas partes.

1.2. Assim, nos termos do n.° 2 do art. 2.° da Directiva, "Presume-se que os bens de consumo são conformes com o contrato, se:

a) Forem conformes com a *descrição* que deles é feita pelo vendedor e (leia-se, *e/ou*) possuírem as qualidades do bem que o vendedor tenha apresentado ao consumidor como *amostra* ou *modelo;*
b) Forem adequados ao *uso específico* para o qual o consumidor os destine e do qual tinha informado o vendedor quando celebrou o contrato e que o mesmo tenha aceite;
c) Forem adequados às *utilizações habitualmente dadas* aos bens do mesmo tipo;
d) Apresentarem as *qualidades e o desempenho habituais* nos bens do mesmo tipo e que *o consumidor pode razoavelmente esperar,* atendendo à *natureza* do bem e, eventualmente, às *declarações públicas sobre as suas características concretas feitas* pelo vendedor, *pelo produtor* ou pelo seu representante, nomeadamente na publicidade ou na rotulagem".

Estes mesmos critérios são recebidos no n.° 2 do art. 2.° do Decreto-Lei de transposição, "apenas" com uma pequena grande diferença de estilo: *a Directiva presume a conformidade, se coexistirem* todas as circunstâncias elencadas; *o Decreto-Lei presume a não conformidade, se se verificar alguma dessas circunstâncias.*

Grosso modo, numa visão macroscópica, *os critérios presuntivos de conformidade ou de determinação da não conformidade* – os critérios integrativos (da conformidade) transcritos são de duplo sentido: se por um lado facilitam a prova da conformidade ao vendedor que mostre a sua (co)existência no caso concreto, por outro podem servir para provar a falta de conformidade se demonstrada pelo consumidor a não verificação de qualquer deles *in casu* (considerando n.° 8) – *são consonantes com os do nosso direito comum,* mesmo os dos arts. 913.° e 919.° do Código Civil (cfr. João Calvão da Silva, *Compra e venda de coisas defeituosas, cit.,* §6).

Mas ponderemos um pouco mais analiticamente as regras integrativas adiantadas.

2. Presunções de conformidade: A) Integração no contrato de informações pré-contratuais (als. a) e b)).

2.1. As presunções estabelecidas nas duas primeiras alíneas – as alíneas a) e b) do n.° 2 do art. 2.° em análise – assentam num especial comportamento pré-contratual das partes: a descrição do bem e/*ou* a apresentação de um bem como amostra ou modelo pelo vendedor na negociação faz presumir que os contraentes quiseram como contratualmente devidas as características e qualidades explicitadas na descrição ou possuídas pela amostra ou modelo (al. a)); o fim especial ou uso específico da coisa, expresso ou tácito, levado ao conhecimento do vendedor e por este aceito na negociação, ainda que não vertido *expressamente* em cláusula do contrato celebrado, faz presumir como contratualmente devidas as qualidades e características necessárias para a realização daquele fim ou uso específico.

Quanto a esta última regra presuntiva, nenhuma dúvida séria acerca da sua previsão logo no n.° 1 do art. 913.° do Código Civil.

2.2. No tocante à *venda sob amostra ou modelo,* temos correspondência no art. 919.° (cfr., João Calvão da Silva, *Compra e venda de coisas defeituosas, cit.*, n.° 45): provada pelo comprador a apresentação de amostra ou modelo para fazer valer a não conformidade com a mesma do bem recebido, incumbirá ao vendedor ilidir mediante prova em contrário a presunção da 2.° parte da al. a) do n.° 2, por exemplo, pela alegação e prova de que a amostra foi apresentada a título simplesmente exemplificativo, para indicar de modo aproximado as qualidades do objecto, sem intento vinculativo. Ilidida a presunção, as qualidades e características presumidamente queridas pelas partes não deverão considerar-se contratualmente devidas.

Tenhamos presente, todavia, a nulidade das cláusulas contratuais que permitam a não correspondência entre as prestações a efectuar e as indicações, especificações ou amostras feitas ou exibidas nos contratos de adesão com consumidores finais (art. 21.°, al. c), do Decreto-Lei n.° 446/85, de 25 de Outubro).

2.3. No concernente à presunção de conformidade do bem com a *descrição que dele é feita pelo vendedor* – pense-se nas descrições ou informações exaradas em invólucros, rotulagens, catálogos, nas propagandas ou promoções, nas vendas por correspondência, nas vendas telemáticas – será normal a sua inclusão no regulamento negocial complexivamente interpretado e integrado, de acordo com a doutrina da impressão do destinatário e o princípio da boa fé, a dar relevância contratual a descrições informativas pré-contratuais (cfr. João Calvão da Silva, *Compra e venda de coisas defeituosas, cit.*, n.° 29). Ponto é que nas vendas por descrição, as informações prestadas (descritas) pelo vendedor sejam *precisas, pontualizadas* ou *pormenorizadas, relativas a características ou qualidades concretas* ainda que não essenciais da coisa oferecida, da coisa específica ou do género a que pertence.

Na verdade, conquanto as "*declarações públicas* sobre características concretas" do bem sejam autonomizadas na al. d) do n.° 2, não se vê razão válida para não aplicar o mesmo critério nas *"declarações privadas do vendedor directamente contempladas na al. a)* – descrições feitas aos consumidores, pessoas singulares com que aquele entre em negociação, para os informar e lhes dar a conhecer as características e qualidades do bem oferecido.

Pelo que, provado pelo consumidor a descrição de uma qualidade precisa pelo vendedor na negociação do contrato firmado e a sua ausência no bem recebido, presume-se que a mesma integra o regulamento contratual e é devida. *Na prova em contrário* a apresentar para ilidir essa presunção (considerando n.° 8 da Directiva, art. 350.°, n.° 2, do Código Civil) não adianta o vendedor mostrar a falta de "descrição contratual", a ausência de cláusula contratual que expressamente reproduza e confirme a descrição unilateral por si feita no *iter negotii*.

2.4. Na mesma linha de orientação, e indo porventura mais longe na dissipação de eventuais dúvidas quanto à invocabilidade pelo vendedor de cláusulas contratuais incompatíveis com o conteúdo da "descrição", vai a Lei de Defesa do Consumidor – Lei n.° 24/96 –, ao estatuir no seu art. 7.°, n.° 5:

"As informações concretas e objectivas contidas nas mensagens publicitárias de determinado bem, serviço ou direito consideram-se integradas no conteúdo dos contratos que se venham a celebrar após a sua emissão, *tendo-se por não escritas as cláusulas contratuais em contrário*".

Temos aqui, portanto, igualmente consagrada a integração de informações pré-contratuais, concretas, precisas, objectivas e contidas em "descrições" publicitárias, nos contratos posteriormente concluídos, com fundamento na atracção de clientela que normal e presuntivamente desempenha a publicidade, tal como a marca, em virtude da influência determinante na formação da vontade de celebração de contratos de compra e venda por consumidores.

Sendo esta a *ratio legis,* também no n.° 5 do art. 7.° da Lei n.° 24/96 o vendedor pode provar que a decisão de comprar o bem de consumo não foi nem poderá ter sido influenciada pela declaração/"descrição" publicitária em causa.

Por exemplo, comprador que vivia em lugar ermo, sem televisão ou rádio veículo da publicidade do bem adquirido: demonstrado pelo vendedor que aquele não teve conhecimento da declaração publicitária em causa, essa circunstância tornará manifestamente inapropriada a aplicação *in casu* da regra de integração invocada pelo consumidor.

Do que o vendedor não pode também, no exemplo figurado, é prevalecer-se da falta de cláusula contratual que reproduza o descrito na publicidade nem da existência de cláusula contratual incompatível com o conteúdo da descrição na mensagem publicitária. Esta cláusula é seguramente não vinculativa para o consumidor por força do n.° 5 do art. 7.° da Lei n.° 24/96. *Em causa também a integridade do mercado e até a lealdade na concorrência*. Mas igual segurança não existe em face da Directiva, pois, segundo o considerando n.° 8, *as presunções de conformidade elencadas no art. 2.° são ilidíveis e não restringem o princípio da liberdade contratual das partes* – na esteira das presunções de conformidade previstas no n.° 2 do art. 35.° da Convenção de Viena de 1980, inspiradora também neste ponto da Directiva, presunções que funcionam "salvo se as partes tiverem acordado noutra coisa" –, a admitir, por conseguinte, a primazia das cláusulas pactuadas sobre as regras legais presuntivas do n.° 2 do art. 2.°. Primazia que só em desespero de causa se poderá tentar prevenir ou corrigir através da invocação do art. 7.°, n.° 1, vendo na cláusula contratual contrastante com o conteúdo da descrição publicitária um limite indirecto aos direitos resultantes da Directiva, por isso mesmo não vinculativa (a cláusula) para o consumidor.

Por fim, diga-se que a doutrina do n.° 5 do art. 7.° da Lei n.° 24/96 vale, *eadem ratio,* para as informações concretas, precisas – não já para informações genéricas, hiperbólicas ou juízos valorativos do seu autor –, contidas em outras descrições públicas (rotulagens, etiquetagens, embalagens, catálogos, etc.) e, talvez mesmo *a fortiori,* em "descrições privadas", dada a maior individualização ou pessoalização da confiança suscitada no consumidor durante o processo de formação do contrato, especialmente se olhos nos olhos.

3. Presunções de conformidade: B) Utilizações habituais, qualidades normais e expectativas razoáveis do consumidor (als. c) e d))

3.1. As presunções contidas nas al. c) e d) do n.° 2 repousam na circunstância de o objecto adquirido pertencer a determinado *tipo* ou *categoria* de bens. Neste género de casos, referentes das obrigações do vendedor são "*as utilizações habitualmente dadas aos bens do mesmo tipo*" e "*as qualidades e o desempenho habituais nos bens do mesmo tipo a que o consumidor pode razoavelmente esperar*".

Trata-se, pois, de regras legais de integração do contrato de consumo, que têm correspondência no n.° 2 do art. 913.° do Código Civil e no n.° 1 do art. 4.° da Lei n.° 24/96, numa concepção objectiva de conformidade (à função normal das coisas da mesma categoria/qualidades e desempenho a possuir pelos bens do mesmo tipo para serem idóneos ao seu "uso habitual") integrativa da noção fundamentalmente subjectiva da conformidade do bem com o contrato (Cfr., João Calvão da Silva, *Compra e venda de coisas defeituosas, cit.*, n.os 29 e 53.1.).

Note-se, apenas, o adiantamento de alguns critérios de concretização das "razoáveis expectativas" do consumidor médio: *a natureza do bem* e as *declarações públicas* sobre as suas características concretas *feitas pelo vendedor, pelo produtor ou seu representante* – representante económico, distribuidor oficial –, nomeadamente *na publicidade ou na rotulagem.*

Quanto à *natureza do bem* relevará a sua idade ou *vetustade,* a coisa ser nova ou usada, pouco ou muito usada, assim como os diferentes preços por que sejam oferecidos bens do mesmo tipo dotados das características imprescindíveis à sua utilização habitual, presumindo-se contratualmente queridos só os bens que entrem no mesmo escalão de preço da aquisição.

No concernente às *declarações públicas* (cfr. anotações 2.3. e 2.4 a este n.° 2), o legislador português não transpôs o n.° 4 do art. 2.° da Directiva, que diz assim:

> "O vendedor não fica vinculado pelas declarações públicas a que se refere a alínea d) do n.° 2, se:
>
> Demonstrar que não tinha conhecimento nem podia razoavelmente ter conhecimento da declaração em causa,
>
> Demonstrar que, até ao momento da celebração do contrato, a declaração em causa fora corrigida,
>
> Demonstrar que a decisão de comprar o bem de consumo não poderia ter sido influenciada pela declaração em causa".

Trata-se de uma não incorporação na lei portuguesa, no uso da liberdade de que goza o legislador em face do carácter mínimo da Directiva. Desta sorte, *a lei portuguesa é mais protectora* – protectora demais, até – do consumidor, em ordem a não fazer recair sobre ele possíveis descoordenações da cadeia vendedora.

3.2. No considerando n.° 8 da Directiva refere-se "que a *qualidade e o comportamento que os consumidores* podem razoavelmente esperar dependerá, nomeadamente, do facto de os bens serem em primeira ou segunda mão; que os elementos que constituem a presunção são *cumulativos;* que, se as circunstâncias do caso tornarem qualquer elemento específico *manifestamente inapropriado,* continuarão, não obstante, a ser aplicáveis os restantes elementos da presunção".

A primeira parte transcrita – "*a qualidade e o comportamento que* os consumidores podem razoavelmente esperar dependerá..." – ajuda a evidenciar o rigor da copulativa surgida na versão portuguesa da al. d) do n.° 2 do art. 2.°, quer da Directiva, quer do Decreto-Lei: "Apresentarem as qualidades e o desempenho habituais nos bens do mesmo tipo *(e) que* o consumidor pode razoavelmente esperar, atendendo...". A copulativa *e* aparece igualmente na versão inglesa – "*Show the quality and performance which* are normal in goods on the same type *and which* the consumer can reasonable expect..." – e na versão alemã: "Eine Qualität und Leistungen aufweisen, die bei Gütern der gleichen Art üblich sind *und* die der Verbraucher vernünftigerweise erwasten kann, wenn die Beschaffenheit des Gutes...". Inequivocamente, portanto, o consumidor pode razoavelmente esperar – e desde que *in casu* legitimamente assim espere – as qualidades e o desempenho habituais nos bens do mesmo tipo, atendendo à sua natureza e às declarações públicas sobre as suas características concretas. Neste sentido, a versão francesa – "S'il présente la qualité et les prestations habituelles d'un bien de même type *auxquelles* le consommateur peut raisonnablement s'attendre..." – e a versão italiana: "Presentano la qualità e le prestazioni abituali di un bene dello stesso tipo, *che* il consumatore pùo ragionevolmente aspettarsi...".

No mesmo sentido, a própria *natureza cumulativa das presunções, a mostrar a sobreposição normal dos critérios que lhes servem de pressupostos* – por exemplo, a conformidade com a amostra coincidirá em regra com as qualidades e o desempenho habituais de bens do mesmo tipo, que o consumidor pode razoavelmente esperar; o uso específico corresponderá correntemente à utilização habitualmente dada aos bens do mesmo tipo. Mas onde assim não suceda, caberá ao vendedor provar que o circunstancialismo do caso concreto torna manifestamente inapropriada a aplicação de determinada regra presuntiva, *verbi gratia,* que o "*uso especial*" querido pelo consumidor e por ele aceite tácita ou concludentemente – se houver cláusula contratual específica, não é preciso recorrer-se à regra presuntiva – afasta ou inviabiliza a utilização habitual dada aos bens do mesmo tipo.

3.3. Em conclusão, e à luz das diversas versões da al. d) em apreço, presume-se que os bens de consumo são conformes ao contrato, se:

> Apresentarem as qualidades e o desempenho *que* são normais em bens do mesmo tipo e *que* o consumidor pode razoavelmente esperar, tendo em conta a natureza do bem (Cfr. João Calvão da Silva, *Compra e venda de coisas defeituosas, cit.,* n.° 29.3.) e eventuais declarações públicas sobre as suas características concretas feitas pelo vendedor, pelo produtor ou pelo seu representante, nomeadamente na publicidade ou na rotulagem.
>
> *Numa economia de produção em série e distribuição em cadeia* para que foi pensada, e bem, a Directiva, superando assim a clássica garantia edilícia modelada na compra e venda de coisa específica, *a regra será a da coincidência: o produto adquirido apresentará as qualidades e o desempenho habituais nos bens do mesmo tipo* – correspondentemente, portanto, ao tradicional critério da qualidade média no cumprimento das obrigações genéricas segundo juízos de equidade, nos termos do art. 400.° do Código Civil (Cfr. João Calvão da Silva, *Compra e venda de coisas defeituosas, cit.,* n.° 44) – *e essas "qualidades e performances habituais" serão as legitimamente esperadas pelo consumidor,* destinatário médio e razoável desse tipo de produtos, tendo em atenção a *sua* natureza (qualidade e *performance* próprias, específicas) e as declarações públicas (dirigidas ao público potencial adquirente), em parti-

cular a publicidade, sobre as suas características ou atributos concretos feitas pelo vendedor, pelo produtor ou seu representante. Isto porque e na medida em que *a publicidade respeita a verdade,* na exaltação de qualidades possuídas por aquele (tipo de) bem e dos comportamentos, prestações ou desempenhos de que o mesmo é capaz: nesta medida, as expectativas razoáveis do consumidor, tendo em conta a natureza do bem e a publicidade sobre o mesmo, são as de receber *necessariamente* (pelo menos) um produto com as qualidades e o desempenho habituais ou normais nos bens do mesmo tipo (*expectativas razoáveis = expectativas de qualidade e desempenho normais, habituais*; equivalente, portanto, à interpretação e integração do negócio jurídico segundo a doutrina da impressão do destinatário, princípio da boa fé e critério da qualidade média no cumprimento das obrigações genéricas, em nome do equilíbrio das prestações).

Mas se a declaração pública feita por vendedor, produtor ou seu representante (distribuidor oficial ou responsável oficial pela assistência garantida pelo produtor) *foca e exalta uma característica concreta exclusiva de certo produto* (qualidade não habitual, portanto, nos bens do mesmo tipo ou categoria: por exemplo, carro gasta 5 litros aos 100 Km, quando o tipo da viatura a que pertence faz em média 10 litros) – hipótese rara num contexto de economia de massa e mercado global como o presente –, *o consumidor tem razões para justificadamente confiar nessa declaração-informação e por isso pode razoavelmente esperar essa qualidade* ou atributo no caso concreto apesar de não habitual nos automóveis do mesmo tipo. Pelo que, se o automóvel entregue não for conforme – afinal consome 10 litros como os demais do mesmo tipo –, o vendedor não poderá liberar-se da responsabilidade, mediante prova de qualquer das circunstâncias previstas no n.° 4 do art. 2.° da Directiva, dada a sua não transposição para a lei portuguesa em nome de tutela mais eficaz do consumidor.

III. Anotação ao n.º 3

1. Não conformidade conhecida ou cognoscível na celebração do contrato e a não responsabilização do vendedor

1.1. O n.º 3 do preceito corresponde exactamente ao n.º 3 do art. 2.º da Directiva.

O que está em causa não é propriamente a inexistência de falta de conformidade. Se, na conclusão do contrato, o comprador conhece ou não pode razoavelmente ignorar a não conformidade – defeitos *aparentes, visíveis, ictu oculi* –, no circunstancialismo do caso, do que se trata é da *não responsabilização do vendedor por esse defeito*. Em última instância, porque o consumidor aceita o produto tal qual é, *a sua entrega será conforme ao contrato* (coincidência de *Istbeschaffenheit* e *Sollbeschaffenheit*), pelo que o comprador não poderá prevalecer-se dos direitos resultantes da falta de conformidade.

Naturaliter, de acordo com o art. 342.º, n.º 2, do Código Civil, recai sobre o vendedor o ónus de provar que o comprador conhecia ou não podia razoavelmente desconhecer a não conformidade do bem na conclusão do contrato, ou que a este se imputa a falta de conformidade.

1.2. Já era e é assim no direito comum, no Código Civil (Cfr. João Calvão da Silva, *Compra e venda de coisas defeituosas, cit.*, n.º 32); já era assim na Lei n.º 24/96.

No art. 12.º, n.º 1 desta lei, na versão anterior à actual dada pelo Decreto-Lei de transposição da Directiva, o consumidor a quem fosse fornecida a coisa com defeito podia exercer os seus direitos, "*salvo se do defeito tiver sido previamente informado e esclarecido antes da celebração do contrato*", ou dele tiver tido conhecimento ou dever ter tido (v.g. defeito evidente, que só por negligência grave não topou).

Quanto à não responsabilidade do fornecedor de bem a produzir ou fabricar com materiais a fornecer pelo consumidor, é justo que este não goze dos direitos resultantes da falta de conformidade (se) a si *exclusivamente* imputada.

IV. Anotação ao n.º 4

1. **Equiparação de falta de conformidade resultante de má instalação a falta de conformidade**

1.1. Este número actua o disposto no n.º 5 do art. 2.º da Directiva, apenas com a supressão de "presume-se que", início do preceito na má redacção em língua portuguesa.

"A falta de conformidade resultante de má instalação do bem de consumo é equiparada a uma falta de conformidade do bem quando a instalação fizer parte do contrato de compra e venda e tiver sido efectuada pelo vendedor, ou sob sua responsabilidade, ou quando o produto, que se prevê seja instalado pelo consumidor, for instalado pelo consumidor e a má instalação se dever a incorrecções existentes nas instruções de montagem".

Decifrando a má redacção, quando comparada com outras versões linguísticas, temos:

> *A falta de conformidade resultante de incorrecta instalação do bem é equiparada a falta de conformidade do próprio bem,*
>
> Se a instalação faz parte da venda e tiver sido realizada pelo vendedor ou sob sua responsabilidade,
>
> Ou se o bem, destinado a ser instalado pelo consumidor, o é efectivamente mas de modo não correcto devido a erro das instruções de montagem.

1.2. A ampliação das regras da compra e venda aos *serviços de instalação* dos bens de consumo alienados funda-se na ligação estreita desta prestação de *facere* à obrigação de entrega de bem conforme ao contrato e na necessidade de proteger de igual modo o consumidor. E *a expressa equiparação de "falta de conformidade resultante de má instalação"* a "falta de conformidade da própria coisa" *é a confirmação de que a clássica garantia edilícia não abrange os chamados vícios extrínsecos* (Cfr. João Calvão da Silva, *Compra e venda de coisas defeituosas, cit.*, n.° 31) – conquanto impreciso, veja-se o Acórdão da Relação do Porto, de 28/11/2005 (Proc. n.° 0554845): "existe execução defeituosa do contrato se a empresa, ao instalar os imóveis de cozinha, causa danos no local de instalação".

Deste modo, mediante a referida assimilação, aplicaremos o regime dos defeitos de conformidade ao cumprimento imperfeito pelo vendedor de um dever acessório ou dever lateral – o dever de instalação ou de instrução de montagem em termos correctos do bem por si alienado – apesar de o defeito não existir no momento da entrega. Mais longe foi a Convenção de Viena de 1980, ao prever no art. 36.°, n.° 2, a responsabilidade do vendedor por *qualquer falta de conformidade* que sobrevenha *após* a transferência do risco para o comprador e que seja *imputável ao incumprimento de qualquer das suas obrigações*.

1.3. Fora do campo da Directiva ficam as demais prestações de serviços, mesmo as relativas aos bens vendidos, designadamente os serviços pós-venda e de assistência e manutenção para o período ulterior à conclusão do contrato.

ARTIGO 3.°

Entrega do bem

1 – O vendedor responde perante o consumidor por qualquer falta de conformidade que exista no momento em que o bem lhe é entregue.

2 – As faltas de conformidade que se manifestem num prazo de dois ou de cinco anos a contar da data de entrega de coisa móvel corpórea ou de coisa imóvel, respectivamente, presumem-se existentes já nessa data, salvo quando tal for incompatível com a natureza da coisa ou com as características da falta de conformidade.

I. ANOTAÇÕES AO N.° 1

1. Responsabilidade do vendedor por não conformidade existente no momento da entrega da coisa

1.1. O n.° 1 corresponde fielmente ao n.° 1 do art. 3.° da Directiva. Sublinhe-se: responsabilidade do vendedor por *qualquer falta de conformidade*.... Consequência natural da obrigação de entregar coisa isenta de vícios ou conforme ao contrato, a responsabilidade por *qualquer* falta de conformidade deve interpretar-se em sentido amplo, no sentido de abranger *divergência qualitativa e quantitativa da coisa com o contrato, também coisa diferente* (simplificando ou esvaziando, assim, a clássica e nem sempre fácil distinção entre *pejus* e *aliud pro alio* – cfr. João Calvão da Silva, *Compra e venda de coisas defeituosas, cit.*, n.° 29.3) ou de *menor quantidade* (cfr.

João Calvão da Silva, *Compra e venda de coisas defeituosas, cit.*, n.° 30) – neste sentido, expressamente, o novo §434, n.° 3, do BGB; *vide* ainda o art. 52.° da Convenção de Viena.

A prova da falta de conformidade, vale dizer, a não correspondência do bem recebido ao bem convencionado, *cabe ao comprador*, com a ajuda, na falta de cláusulas específicas, das presunções do n.° 2 do art. 2.°, demonstrando as qualidades ou características que as ditaram para se considerarem devidas.

1.2. Ao responsabilizar o vendedor por falta de conformidade existente no *momento da entrega* do bem ao consumidor, a Directiva e o presente regime especial afastam-se do direito comum português (art. 882.°, n.° 1, e art. 918.° do Código Civil).

Pelo nosso Código Civil, a coisa deve ser entregue no estado em que se encontrava *ao tempo da venda* (art. 882.°, n.° 1), isenta de vícios, ocorra a entrega na celebração da venda (art. 914.°) ou posteriormente (art. 918.°): logo, *o regime da garantia edilícia aplica-se apenas nos vícios da coisa específica existentes no momento da conclusão da venda* – vícios genéticos, portanto –, remetendo a lei (art. 918.°) para as regras relativas ao não cumprimento das obrigações os defeitos supervenientes, vale dizer, surgidos depois da conclusão da venda e antes da entrega da coisa específica, bem como todos os defeitos de coisas genéricas (Cfr. João Calvão da Silva, *Compra e venda de coisas defeituosas, cit.*, n.° 44).

Por força da Directiva, nas vendas de consumo de coisa específica ou genérica, *o novel diploma que a transpõe* para a ordem jurídica interna *impõe a responsabilidade do vendedor por qualquer falta de conformidade existente no momento da entrega da coisa* – independentemente de a não conformidade ser anterior, concomitante ou posterior à celebração da compra e venda – *e que se manifeste dentro de dois ou cinco anos a contar dessa data,* se a coisa for móvel (art. 5.°, n.° 1, da Directiva; art. 3.°, n.° 2, do presente Decreto-Lei) ou imóvel (art. 3.°, n.° 2, do Decreto-Lei), respectivamente.

2. Entrega da coisa e transferência do risco

2.1. Atente-se em que *a Directiva responsabiliza o vendedor* perante o consumidor *por qualquer falta de conformidade que exista no momento em que o bem lhe é entregue – e não no momento da transferência do risco para o comprador,* como refere o n.° 1 do art. 36.° da Convenção de Viena de 1980 e agora o novo §434, n.° 1, do BGB. E o considerando n.° 14 da Directiva adianta que "as referências à data de entrega não implicam que os Estados-membros devam alterar as suas normas sobre transferência do risco" – o que se percebe por falta de competência da Comunidade Europeia para o regime da propriedade nos Estados-membros (art. 295.° do Tratado CE).

Consequentemente, porque o Tratado CE e o direito derivado em nada prejudicam o regime da propriedade nos Estados-membros, Portugal só alteraria o princípio da consensualidade (art. 408.°) e o princípio *"res perit domino"* (art. 796.°, n.° 1) se assim o entendesse. E *não existe qualquer contradição entre o considerando n.° 14 e o art. 3.°, n.° 1, da Directiva e do Decreto-Lei de transposição, porque diferentes os problemas a que se reportam.*

Com efeito, uma coisa é a responsabilidade do vendedor pelos vícios ou defeitos da coisa existentes no momento da sua entrega ao consumidor – *cumprimento imperfeito da obrigação de entrega por falta de conformidade jurídica ou material* (Cfr. João Calvão da Silva, *Compra e venda de coisas defeituosas, cit.,* §5 e §6).

Outra coisa bem diferente é a impossibilidade do cumprimento da obrigação de entrega conforme, pontual, em todos os termos devidos, *em virtude do perecimento ou deterioração da coisa por caso fortuito ou força maior* (Cfr. João Calvão da Silva, *Compra e venda de coisas defeituosas, cit.,* §4, n.° 14). *Esta hipótese não entra no perímetro do n.° 1 do art. 3.° da Directiva nem da clássica garantia edilícia na venda de bens onerados ou coisas defeituosas*, à qual não se ajustam os direitos reconhecidos ao consumidor/comprador que *recebe* um bem defeituoso não conforme ao contrato.

Logo, o perecimento ou perda e deterioração do bem de consumo, por causa não imputável ao alienante, ocorrido após a transferência do risco para o comprador não libera este da obrigação de pagar o preço (art. 796.°, n.° 1; Cfr. João Calvão da Silva, *Compra e venda de coisas defeituosas, cit.*, n.° 14). Já no cumprimento imperfeito da obrigação de entrega, o vendedor responderá pelo vício ou defeito de conformidade *do objecto entregue,* tendo o consumidor direito à reposição da conformidade devida, por meio de reparação ou de substituição, à redução do preço ou à resolução do contrato, independentemente de culpa do alienante (art. 3.°, n.os 2 a 6, da Directiva; art. 4.° do Decreto-Lei).

2.2. Assim, A, profissional, vende um automóvel a B, consumidor, que só por conveniência pessoal o não recebe no momento da conclusão da venda. Se o automóvel perecer por caso fortuito antes da entrega, o risco corre por conta do adquirente, tendo de pagar o preço, se ainda o não tiver feito, ou podendo o vendedor retê-lo, se já tiver sido cumprido (art. 796.°, n.° 1). B levanta adiante o automóvel: pela não conformidade, existente já na conclusão da venda ou surgida até à entrega, responde o vendedor (arts. 3.°, n.° 1, do Decreto-Lei e da Directiva).

Os resultados alcançados não se afiguram chocantes.

Na primeira hipótese, o vendedor transferiu a propriedade e ficou mero depositário gratuitamente, pertencendo o eventual aumento ulterior do valor do carro ao comprador, que simultaneamente suporta o *risco* da sua perda ou deterioração fortuita – risco inerente ao benefício da titularidade do direito.

Na segunda hipótese, porque o vendedor tem o dever de cumprir perfeitamente o contrato a que está vinculado, comete um *ilícito* se o objecto que entrega se revela defeituoso, desconforme ou não conforme ao bem contratado (*Sollbeschaffenheit*): o comprador goza do direito ao cumprimento exacto ou perfeito, independentemente de culpa do vendedor; este tem o dever de cumprir pontualmente o acordado, *entregando um bem conforme ao contrato,* sendo, por isso, natural ficarem a seu cargo os defeitos de conformidade existentes no momento da entrega da coisa mesmo os surgidos depois da celebração da venda com a correspondente transferência da propriedade e do risco do seu perecimento por caso fortuito ou força maior.

O diferimento da transferência do risco de perecimento da coisa por força maior ou caso fortuito para o momento da entrega do bem – colocação à disposição ou recepção efectiva (caso da Dinamarca, Suécia e Holanda) – ao consumidor por profissional constituía (constitui) opção política livre e soberana do legislador português, por este não usada na lei de transposição (cfr. *infra,* anotação ao n.° 4 do art. 4.°).

II. Anotações ao n.° 2

1. Responsabilidade do vendedor por falta de conformidade revelada no prazo de dois ou cinco anos

O número 2 deste artigo responsabiliza o vendedor por falta de conformidade da coisa que se manifeste, revele ou apareça num prazo de dois ou cinco anos a contar da entrega, consoante a natureza móvel ou imóvel do bem.

Quer dizer: se o defeito *aparecer ou transparentar* dentro de dois ou cinco anos a partir da entrega da coisa móvel ou imóvel, respectivamente, *o vendedor é responsável desde que o consumidor alegue e prove a existência desse defeito no momento em que o bem lhe foi entregue*. É a normal distribuição do *onus probandi* dos factos constitutivos do direito alegado (art. 342.°, n.° 1, do Código Civil).

2. Presunção de anterioridade da falta de conformidade

Convenhamos que a prova da existência do defeito, manifestado muito depois da entrega da coisa mas ainda dentro de dois ou cinco anos, conforme o tipo de bem, não seria fácil.

Justamente por considerá-la *probatio diabolica,* a lei vem em socorro do consumidor com uma presunção relativa: *a falta de conformidade manifestada dentro daquele prazo presume-se existente na data da entrega da coisa,* salvo quando essa presunção for incompatível com a "natureza do bem" (v.g. bem perecível em prazo breve, produto sujeito a prazo de validade) ou com as "características da falta de conformidade", de sorte que, "tendo em conta as circunstâncias, se pode razoavelmente admitir a inexistência do defeito no momento da entrega (fórmula adaptada da al. b) do art. 5.° do Decreto-Lei n.° 383/89, de 6 de Novembro, sobre a responsabilidade do produtor) e a sua imputação a causa externa e ulterior, como um caso fortuito, sabotagem de terceiro, sabotagem ou mau uso do próprio comprador; a demonstração da conformidade ou da razoabilidade da inexistência do defeito de conformidade aquando da entrega da coisa – para ilidir a presunção da existência do defeito no momento da entrega – cabe ao vendedor.

Deste modo, provada pelo comprador a existência do defeito manifestado dentro de dois ou cinco anos, conforme a natureza móvel ou imóvel do bem, a lei libera o mesmo comprador da prova acrescida de que tal defeito não ocorreu supervenientemente à entrega (neste sentido, acórdão da Relação de Lisboa, de 8/06/2006 — Processo n.° 2483/2006-8; acórdão da Relação do Porto, de 14 de Setembro de 2009 (Processo n.° 542/2001.P1).

Mais protector era o regime da Lei n.° 24/96, ao impor ao fornecedor de bens móveis não consumíveis uma *garantia* de bom estado e de bom funcionamento por período não inferior a um ano (art. 4.°, n.° 2), sem ter de provar a anterioridade do defeito nesse período.

Por fim, diga-se que a vista presunção de anterioridade se confina(va) a *seis* meses na Directiva (art. 5.°, n.° 3). O legislador português usou o espaço de liberdade, adveniente do carácter mínimo da Directiva, para ajudar por mais tempo – dois anos – o consumidor no ónus da prova.

ARTIGO 4.º

Direitos do consumidor

1 – Em caso de falta de conformidade do bem com o contrato, o consumidor tem direito a que esta seja reposta sem encargos, por meio de reparação ou de substituição, à redução adequada do preço ou à resolução do contrato.

2 – Tratando-se de um bem imóvel, a reparação ou a substituição devem ser realizadas dentro de um prazo razoável, tendo em conta a natureza do defeito, e tratando-se de um bem móvel, num prazo máximo de 30 dias, em ambos os casos sem grave inconveniente para o consumidor.

3 – A expressão «sem encargos», utilizada no n.º 1, reporta-se às despesas necessárias para repor o bem em conformidade com o contrato, incluindo, designadamente, as despesas de transporte, de mão-de-obra e material.

4 – Os direitos de resolução do contrato e de redução do preço podem ser exercidos mesmo que a coisa tenha perecido ou se tenha deteriorado por motivo não imputável ao comprador.

5 – O consumidor pode exercer qualquer dos direitos referidos nos números anteriores, salvo se tal se manifestar impossível ou constituir abuso de direito, nos termos gerais.

6 – Os direitos atribuídos pelo presente artigo transmitem-se a terceiro adquirente do bem.

I. Anotações ao n.° 1

1. **Direitos do consumidor à reparação ou substituição do bem e à redução do preço ou resolução do contrato, independentemente de culpa do vendedor**

O número 1 enumera os direitos do consumidor em caso de *falta de conformidade da coisa a si entregue*.

Assim, se o bem de consumo *entregue* – em caso de *falta de entrega* valem as regras gerais do não cumprimento, entre as quais a do risco do perecimento da coisa por caso fortuito (cfr. anotação 2 ao n.° 1 do art. 3.°; João Calvão da Silva, *Compra e venda de coisas defeituosas, cit.*, §4) – não for conforme ao contrato, ao consumidor são reconhecidos os direitos de *reparação ou substituição da coisa, redução do preço ou resolução do contrato,* independentemente de culpa do vendedor no cumprimento inexacto da obrigação de entregar o bem devido, conforme ao contrato (art. 2.°, n.° 1, e art. 3.°, n.° 1).

Estes os remédios de que o comprador pode lançar mão, quando o vendedor lhe *entrega* uma coisa não conforme, vale dizer, uma coisa não livre de defeitos no momento da entrega e não no momento da transferência do risco.

2. **Reconhecimento dos direitos na legislação pregressa.**

2.1. Nada que o nosso ordenamento jurídico não proporcionasse já anteriormente, no art. 12.° da Lei de Defesa do Consumidor (Cfr. João Calvão da Silva, *Compra e venda de coisas defeituosas, cit.*, n.° 54), e mesmo no Código Civil, dada a clarividência da consagração do direito à reparação ou substituição da coisa no art. 914.° (Cfr. João Calvão da Silva, *Compra e venda de coisas defeituosas, cit.*, n.° 35), com o pequeno grande "senão", porém, da segunda parte, cuja revogação há muito defendemos (Cfr. João Calvão da Silva, *Responsabilidade civil do produtor, cit.*, n.° 43; *Idem, Com-*

pra e venda de coisas defeituosas, cit., n.° 36) – a mostrar o avanço do Código Civil português e do Direito português sobre vários outros que se cingem aos remédios edilícios da *actio redhibitoria* e da *actio quanti minoris* na venda de coisa específica defeituosa; quanto à apreciação crítica da remissão para os institutos do erro ou do dolo no art. 905.° *ex vi* do art. 913.°, *vide* João Calvão da Silva, *Responsabilidade civil do produtor, cit.*, n.os 41, 47, 48, 52 e 53; *Idem, Compra e venda de coisas defeituosas, cit.*, n.° 34.

2.2. Pelo que, neste aspecto dos quatro direitos primários reconhecidos ao consumidor de coisa defeituosa ou não conforme ao contrato – aspecto tido em geral como o mais significativo e não raro como o mais original –, *a Directiva é revolucionária para muitos dos direitos dos Estados-membros, entre os quais a Alemanha, a França, a Itália, a Inglaterra, a Bélgica e o Luxemburgo, mas não, seguramente, para a ordem jurídica portuguesa.* O art. 12.° da Lei de Defesa do Consumidor respondia já correctamente às exigências da Directiva, a impor, pelo carácter precursor, a sua continuação e não revogação. Dispunha lapidarmente o n.° 1 do art. 12.° da LDC:

> "O consumidor a quem seja fornecida a coisa com defeito, salvo se dele tivesse sido previamente informado e esclarecido antes da celebração do contrato, pode exigir, independentemente de culpa do fornecedor do bem, a reparação da coisa, a sua substituição, a redução do preço ou a resolução do contrato".

II. Anotação global sobre a questão da hierarquia dos direitos

1. O n.° 2 do art. 3.° da Directiva inculca uma alternativa de direitos, à escolha do consumidor, e o n.° 5 do art. 4.° do Decreto-Lei enuncia-a: "o consumidor *pode* exercer qualquer dos direitos...". Só que os números seguintes do mesmo preceito da Directiva mostram ser ténue e muito relativo esse concurso electivo, dados os

requisitos objectivos a que subordina o seu exercício. E o n.° 5 do art. 4.° do Decreto-Lei subordina a escolha do consumidor às regras gerais do abuso do direito, em vez de repetir os requisitos objectivos mencionados na Directiva. Requisitos ou pressupostos que, todavia, convém conhecer, para efeitos da interpretação (da norma portuguesa) conforme à Directiva.

2. Assim, e à cabeça, salta à vista na Directiva a seguinte hierarquia: *primus*, reparação ou substituição do bem; *secundus*, redução do preço ou resolução do contrato.

É o que resulta da conjugação do n.° 3 – "*Em primeiro lugar, o consumidor pode exigir* do vendedor *a reparação ou a substituição do bem,* em qualquer dos casos sem encargos, a menos que isso seja impossível ou desproporcionado" – com o n.° 5: "*O consumidor pode exigir uma redução adequada do preço, ou a resolução do contrato:*

- *Se o consumidor não tiver direito a reparação nem a substituição,* ou
- E o vendedor não tiver encontrado uma solução num prazo razoável, ou
- Se o vendedor não tiver encontrado uma solução sem grave inconveniente para o consumidor".

A regra e proeminência da parelha "reparação/substituição" sobre o par "redução/resolução" surge confirmada no considerando n.° 10: "em caso de não conformidade do bem com o contrato, os consumidores devem ter o direito de obter que os bens sejam tornados conformes com ele sem encargos, *podendo escolher entre a reparação ou a substituição, ou, se isso não for possível, a redução do preço ou a resolução do contrato*".

Quer dizer: *o consumidor tem o poder-dever de seguir primeiramente e preferencialmente a via da reposição da conformidade devida (pela reparação ou substituição da coisa) sempre que possível e proporcionada, em nome da conservação do negócio jurídico, tão impor-*

tante numa economia de contratação em cadeia, e só subsidiariamente o caminho da redução do preço ou resolução do contrato.

III. Anotação aos n.os 2 e 3

1. Direito à reposição da conformidade (reparação ou substituição)

1.1. No par "reparação/substituição", que em regra dará satisfação às duas partes e é mais consentâneo com a profusa distribuição em cadeia de bens produzidos em série, procura-se não agravar desmesurada e desnecessariamente a posição do vendedor, atribuindo-lhe *o direito de se opor a ambas as faculdades – vejam-se no Código Civil os arts. 829.°, n.° 2, e 1221.°, n.° 2 – ou a uma delas* por comparação com a outra sempre que acarretem um sacrifício excessivo e desproporcionado dos seus interesses, *objectivamente* determinado (considerando n.° 11) nos termos do n.° 3, 2.ª parte, do art. 3.° da Directiva:

> "Presume-se que uma solução é desproporcionada se implicar para o vendedor custos que, em comparação com a outra solução, não sejam razoáveis, tendo em conta: o valor que o bem teria se não existisse falta de conformidade; a importância da falta de conformidade; a possibilidade de a solução alternativa ser concretizada sem grave inconveniente para o consumidor".

Assim, a título de exemplo: *nos bens* (*específicos* – art. 914.° do Código Civil – *ou genéricos*) *infungíveis, não pode haver substituição* – seria um *aliud pro alio datum*; nos bens em segunda mão não será via de regra possível a sua substituição (considerando n.° 16); se um produto está esgotado e não é mais fabricado, a sua substituição é impossível; num produto barato, pode ser significativamente mais caro o custo da reparação do que a sua substituição, preferida pelo vendedor; num produto novo de preço elevado, se a reparação o desvalorizar gravemente ou significativamente no mercado, pode justificar-se a substituição. Para a reparação ou substituição da coisa como direito ao exacto cumprimento ou cumprimento conforme, cfr. João Calvão da Silva, *Responsabilidade civil do produtor, cit.*, n.° 43; para a prescindibilidade de culpa e de dano na acção de cumprimento, cfr. João Calvão da Silva, *Cumprimento e sanção pecuniária compulsória,* 4.ª ed., 2002, n.° 33.

1.2. *Naturaliter,* na composição amigável do conflito, o vendedor pode sempre oferecer, como solução, qualquer outra forma de reparação possível, que o consumidor livremente aceitará ou rejeitará (considerando n.° 12). Mas, "tendo em conta a natureza do bem e o fim a que o consumidor o destina" – por exemplo, aparelho de ar condicionado comprado em verão anormalmente muito quente –, a sua reparação (obrigação de *facere* definida no art. 1.°, n.° 2, al. f) da Directiva) ou substituição (obrigação de *dare,* troca) *possíveis* devem ser realizadas em prazo razoável ou "prazo côngruo", sem inconveniente grave para o comprador (parte final do n.° 3 do art. 3.° da Directiva; n.° 2 do art. 4.° do Decreto-Lei), o qual, enfatize-se, não terá de suportar quaisquer encargos com a reposição da conformidade do bem com o contrato, designadamente as despesas de transporte, de mão-de-obra e de material (n.° 4 do art. 3.° da Directiva; n.° 3 do art. 4.° do Decreto-Lei).

Na nova redacção do n.° 2 do artigo 4.°, introduzida pelo Decreto-Lei n.° 84/2008, densifica-se a razoabilidade do prazo de reparação ou substituição do bem móvel *no máximo de trinta dias* e no caso de bem imóvel tem-se em conta a *natureza do defeito*.

IV. Anotação ao n.° 4

1. **Direito à redução do preço ou à resolução do contrato**

1.1. Na dupla "redução adequada (ou proporcionada à importância do defeito) do preço/resolução do contrato", cumpre salientar dois pontos:

Primeiro: "O consumidor não tem direito à resolução do contrato se a falta de conformidade for insignificante" (art. 3.°, n.° 6, da Directiva) – o que constitui a regra geral do direito à resolução: resolução só por incumprimento significativo ou de não escassa importância (arts. 793.° e 802.° do Código Civil), a dispensar, justificadamente, a transposição do citado número da Directiva;

Segundo: no reembolso ao consumidor do preço por força da resolução potestativa do contrato ou da *actio quanti minoris, a eventual* utilização do produto pelo consumidor pode justificar uma redução do valor a restituir (cfr. o espírito do art. 434.°, n.° 2, do Código Civil).

No mais que a Directiva não prevê valerá o direito nacional (considerando n.° 15), podendo, ainda, ter-se em atenção a fonte inspiradora – a Convenção de Viena de 1980 –, sem perder de vista, porém, que esta regula relações entre profissionais, e não a compra e venda de consumo (art. 2.°, al. a)).

Deste modo, *como entender o disposto no n.° 4*?

1.2. Pela sua inserção sistemática, os direitos em causa fundam-se na falta de conformidade do bem entregue (art. 3.°, n.° 1, e art. 4.°, n.° 1) – logo, o perecimento ou deterioração da coisa por motivo não imputável ao comprador decorrerá da falta de conformidade existente no momento da entrega.

Pense-se em automóvel estacionado na garagem do comprador poucas horas depois da sua aquisição, curto-circuitado em consequência de defeito grave do sistema eléctrico. Destruído completamente, a reparação é impossível. Se for veículo novo, o comprador pode exigir a sua substituição. Mas se se tratar de carro em segunda mão, a reposição da conformidade também pela substituição será em regra impossível.

Neste e noutros casos semelhantes, *pode o comprador resolver o contrato, independentemente de culpa do vendedor, vale dizer, independentemente de o defeito (a falta de conformidade) ser ou não imputável ao alienante*. Esta a regra que já valia no art. 12.°, n.° 1, da Lei de Defesa do Consumidor e assim afastava, naturalmente, a aplicação do disposto no n.° 2 do art. 432.° do Código Civil. Esta mesma regra valeria, *naturaliter,* no art. 3.°, n.° 1, e no art. 4.°, n.° 1, do Decreto-Lei em anotação, mesmo sem o n.° 4 do mesmo art. 4.°.

Consequentemente, no exemplo dado, a impossibilidade de restituição do automóvel não imputável (não devida, por falta de culpa) ao vendedor não afasta o direito do comprador ao reembolso do preço por resolução do contrato (art. 433.° do Código Civil).

Pelo exposto, *porque não respeita à transferência do risco* (*supra,* anotação 2 ao n.° 1 do art. 3.°) *e se limita a (re)afastar o disposto no n.° 2 do art. 432.° do Código Civil* – afastamento que claramente já resulta dos pressupostos dos direitos do consumidor, nos termos conjugados do n.° 1 do art. 2.°, do n.° 1 do art. 3.° e do n.° 1 do art. 4.° –, *no n.° 4, in fine, do art. 4.° onde se lê comprador deve ler-se vendedor. Assim já se percebe o exercício do direito de resolução mesmo que a coisa tenha perecido por motivo não imputável ao vendedor: mesmo que a impossibilidade de restituição da coisa resulte de "circunstâncias (defeitos) não imputáveis ao outro contraente"* (art. 432.°, n.° 2, do Código Civil), *o comprador pode resolver o contrato.*

V. Anotação ao n.° 5

1. A livre escolha do consumidor e o abuso do direito

1.1. A estrutura hierarquizada dos direitos na Directiva traduz uma solução de bom senso, de senso comum, correspondente à da empreitada no Código Civil (Cfr. João Calvão da Silva, *Compra e venda de coisas defeituosas, cit.,* n.° 48), aos resultados equilibrados lográveis na compra e venda mediante recurso ao princípio da boa fé a nortear a *electio* de que o comprador beneficia (Cfr. João Calvão da Silva, *Compra e venda de coisas defeituosas, cit.,* n.° 43) e às regras (arts. 45.° a 52.°) da Convenção de Viena de 1980 (Cfr. João Calvão da Silva, *Compra e venda de coisas defeituosas, cit.,* n.° 49).

Mesmo assim, apesar de não ser inovadora, talvez a previsão da hierarquia introduzisse *mais certeza e segurança* – dizemos talvez, porquanto a Directiva continua, e não se vê como proceder diferentemente numa eventual norma da correspondente transposição, a utilizar conceitos indeterminados vários, designadamente, *desproporcionalidade, inconveniente grave, razoabilidade, apropriado, adequado,* cuja flexibilidade requer concretização no caso concreto, por isso mesmo a não dispensar de todo esse "metro elástico", o princípio reitor da boa fé, em ordem a uma justa composição de interesses.

1.2. Certamente por isso, o legislador nacional entendeu ser suficiente subordinar a escolha do consumidor aos ditames da boa fé, por forma a que não incorra no exercício ilegítimo do direito de opção que lhe confere (n.° 5 do art. 4.°). Assim o escrevemos na nossa *Responsabilidade Civil do Produtor, cit.*, p. 230, nota 2: "Se a escolha entre as pretensões cabe ao comprador, essa deve obedecer ao princípio da boa fé e não cair no puro arbítrio. Pelo que, se num caso concreto a opção exercida exceder indubitavelmente os limites impostos pela boa fé (...), poderão intervir as regras do abuso do direito (art. 334.°)".

Neste sentido, entretanto, vejam-se: Acórdão da Relação de Lisboa, de 1/7/2004 (Proc. n.° 3284/2004-6) –; "Esse direito de anulação inexiste, quando apenas está em causa o forro de um banco do veículo (outro entendimento seria susceptível de constituir abuso de direito nos termos do art. 334.° do Código Civil)"; acórdão do Supremo Tribunal de Justiça de 24 de Janeiro de 2008 (Processo n.° 07B4302) – "O vendedor, em primeiro lugar, está adstrito a eliminar o defeito, tão-só ficando obrigado à substituição, a antolhar-se como não possível, ou demasiado onerosa a reparação"; acórdão da Relação de Lisboa, de 18 de Junho de 2009 (Processo n.° 11157//2008-6) – "Embora podendo o comprador/consumidor optar por um dos direitos possíveis, a sua escolha deverá obedecer aos ditames da boa fé e com respeito pela conservação e perfeição do negócio jurídico"; acórdão da Relação de Lisboa, de 19 de Fevereiro de 2008 (Processo n.° 515/2008-7).

E embora com alguma maior insegurança, não parece que a não transposição dos critérios indeterminados da Directiva na "hierarquização" dos direitos viole o princípio da transposição conforme. Não só pela elasticidade desses critérios, como sobretudo porque o *aparente* afastamento desses padrões, a traduzir-se em resultado diferente, sê-lo-á em benefício do consumidor: a "hierarquização" a dar lugar a mais liberdade de escolha ao consumidor no exercício dos seus direitos. Mas *uma vez recebida a escolha pelo vendedor, o consumidor não goza de ius variandi,* sem prejuízo, naturalmente, de acordo das partes em sentido contrário; do mesmo modo, o consumidor pode fazer pedido principal repristinatório e, para a hipótese de sua onerosidade excessiva, com pedido subsidiário ou subordinado de resolução.

VI. Anotação ao n.° 6

1. Transmissão dos direitos legais ("garantia legal") a terceiro adquirente

Pelo novo n.° 6 do art. 4.°, introduzido pelo Decreto-Lei n.° 84/ /2008, os direitos atribuídos pelo preceito legal aos compradores-consumidores transmitem-se aos terceiros adquirentes do bem.

Deste modo, *a transmissão da "garantia legal" para os terceiros adquirentes do bem passa a ser imperativa* (cfr. o caso paralelo do art. 1225.°, n.° 1, *in fine,* do Código Civil), *valendo o disposto no n.° 4 do art. 9.° apenas para a garantia voluntária, complementar da garantia legal.* (cfr. *infra,* anotação ao n.° 4 do art. 9.°).

Destarte, o novo n.° 6 do art. 4.° constitui norma inovadora, a aplicar apenas para o futuro.

VII. ANOTAÇÕES FINAIS

1. **Monismo do cumprimento imperfeito**

De todo o regime acabado de expor resulta, inequivocamente, a colocação dogmática do defeito de qualidade ou conformidade em sede de violação contratual positiva ou inexacto adimplemento da obrigação de entrega da coisa conforme ao convencionado.

Opção legislativa esta, pela *teoria do cumprimento* ou *teoria do dever de prestação,* que reputamos correcta, a não prever, em coerência, o direito à anulação por erro ou dolo, igual à Lei n.° 24/96 de Defesa do Consumidor (cfr., João Calvão da Silva, *Compra e venda de coisas defeituosas, cit.*, n.° 55) e diferente do nosso Código Civil (cfr., João Calvão da Silva, *Compra e venda de coisas defeituosas, cit.*, n.° 33).

No bom sentido, *vide* acórdão do Supremo Tribunal de Justiça de 2 de Março de 2010 (Processo n.° 323/05.2TBTBU.C1.S1): "O direito conferido ao comprador pela garantia edilícia é um direito fundado directamente no contrato, o que tem como natural consequência que não pode, de forma alguma, ser um direito fundado no erro, o que acarreta que os quadros da teoria do erro e os princípios específicos do regime de anulação por erro não podem ter aplicação aos problemas da venda de coisas defeituosas".

2. **Outros direitos do consumidor: indemnização e excepção do não cumprimento**

Dispõe o art. 8.° da Directiva:

> "1. O exercício dos direitos resultantes da presente Directiva não prejudica o exercício de outros direitos que o consumidor possa invocar ao abrigo de outras disposições nacionais relativas à responsabilidade contratual ou extracontratual.

2. Os Estados-membros podem adoptar ou manter, no domínio regido pela presente Directiva, disposições mais estritas, compatíveis com o Tratado, com o objectivo de garantir um nível mais elevado de protecção do consumidor".

Trata-se, como é normal, de Directiva *mínima,* no sentido de que visa assegurar um denominador comum e uniforme, *rectius,* harmonizado, reputado suficiente pelos Estados-membros, de defesa dos consumidores no contexto da União Europeia, a não impedir, portanto, protecção nacional mais elevada.

Entre os direitos que o consumidor pode invocar, apesar de não regulados pela Directiva, mencionamos o direito à indemnização – cumulável com qualquer dos quatro direitos primários ou a exercer mesmo em alternativa (cfr., João Calvão da Silva, *Compra e venda de coisas defeituosas, cit.,* n.ºs 41 e 56; entretanto, acórdão da Relação de Coimbra, de 31 de Outubro de 2006 (Processo n.° 3884//04.OTJCBR); acórdão da Relação do Porto, de 4 de Fevereiro de 2010 (Processo n.° 1362/05.9TBGDM.P1); acórdão da Relação de Lisboa de 18 de Junho de 2009 (Processo n.° 11157/2008 – 6); acórdão da Relação de Lisboa, de 12 de Março de 2009 (Processo n.° 993/06-2) – e a *exceptio non adimpleti contractus* (cfr., João Calvão da Silva, *Compra e venda de coisas defeituosas, cit.,* n.° 38); *amplius,* João Calvão da Silva, *Responsabilidade civil do produtor, cit.,* n.ºs 49 a 51.

ARTIGO 5.°
Prazo da garantia

1 – O consumidor pode exercer os direitos previstos no artigo anterior quando a falta de conformidade se manifestar dentro de um prazo de dois ou de cinco anos a contar da entrega do bem, consoante se trate, respectivamente, de coisa móvel ou imóvel.

2 – Tratando-se de coisa móvel usada, o prazo previsto no número anterior pode ser reduzido a um ano, por acordo das partes.

3 – *(Revogado pelo Decreto-Lei n.° 84/2008, de 21 de Maio.)*

4 – *(Revogado pelo Decreto-Lei n.° 84/2008, de 21 de Maio.)*

5 – *(Revogado pelo Decreto-Lei n.° 84/2008, de 21 de Maio.)*

6 – Havendo substituição do bem, o bem sucedâneo goza de um prazo de garantia de dois ou de cinco anos a contar da data da sua entrega, conforme se trate, respectivamente, de bem móvel ou imóvel.

7 – O prazo referido no n.° 1 suspende-se, a partir da data da denúncia, durante o período em que o consumidor estiver privado do uso dos bens.

I. ANOTAÇÃO AOS N.^{OS} 1 E 2

1. A duração da garantia ou responsabilidade

1.1. Conjugando o art. 3.° com o n.° 1 deste art. 5.°, temos:

O vendedor é responsável perante o consumidor por qualquer falta de conformidade que exista no momento em que o bem lhe é entregue e se manifeste dentro de dois ou cinco anos a contar da entrega, consoante se trate de coisa móvel ou imóvel, respectivamente.

O termo bienal de duração da garantia ou responsabilidade, inspirado no art. 39.°, n.° 2, da Convenção de Viena de 1980, é redutível por acordo das partes, até um ano, quando se trate de coisa móvel usada – norma resultante da faculdade reconhecida aos Estados-membros pelo art. 7.°, n.° 1, 2.ª parte, da Directiva, em atenção à mais baixa expectativa que o consumidor razoavelmente terá acerca da qualidade e *performance* de bem já usado e com (mais ou menos) idade.

Pense-se na venda de automóveis usados: a qualidade e o comportamento razoavelmente esperável pelo consumidor terá em conta o tempo da precedente utilização e mesmo a idade do veículo. Claro que esta faculdade prevista no n.° 2 do art. 5.° *sub annotatione* refere-se ao *vendedor profissional de coisa usada:* ainda que a tenha adquirido a consumidor (pessoa singular, não profissional), mas com o expediente prático da passagem directa da coisa do originário proprietário para o comprador final, este poderá exercer contra o vendedor profissional direitos reconhecidos no art. 4.° dentro dos prazos previstos no art. 5.° – normas inaplicáveis contra o precedente proprietário, vendedor não profissional, não gozando o vendedor profissional de direito de regresso contra o consumidor a quem adquiriu a coisa (art. 7.°, n.° 1).

1.2. Seguem-se, portanto, dois requisitos ou pressupostos da responsabilidade do vendedor: 1) existência do defeito de conformidade logo no momento da entrega do bem ao consumidor; 2) manifestação ou revelação desse defeito no prazo de dois ou cinco anos após a entrega da coisa móvel ou imóvel, respectivamente.

Dois pressupostos que implicam três ónus probatórios para o comprador (art. 342.°, n.° 1, do Código Civil): a prova da falta de conformidade (cfr. anotação 1.1. ao n.° 1 do art. 3.°); *a prova da existência, ainda que só em gérmen, do defeito já na data da entrega do bem, existência presumida se* a falta de conformidade se revelar ou manifestar dentro de dois ou cinco anos após a entrega da coisa móvel ou imóvel, respectivamente (cfr. anotação 2 ao n.° 2 do art. 3.°); *a prova da revelação ou manifestação do defeito de conformidade dentro de dois ou cinco anos após a entrega da coisa móvel ou imóvel, respectivamente,* prova consumida na demonstração da falta de conformidade, porquanto o direito português sujeita a prazo de caducidade os direitos dos compradores (art. 917.° do Código Civil – cfr. João Calvão da Silva, *Compra e venda de coisas defeituosas, cit.*, n.° 42; art. 12.° da Lei n.° 24/96, na anterior redacção – cfr. João Calvão da Silva, *Compra e venda de coisas defeituosas, cit.*, n.° 57; art. 5.°, n.° 4, do presente Decreto-Lei).

II. Anotação ao n.° 6

1. A substituição do bem e a interrupção do prazo da garantia

O Decreto-Lei n.° 84/2008 introduziu o n.° 6, do seguinte teor:

> "Havendo substituição do bem, o bem sucedâneo goza de um prazo de garantia de dois ou de cinco anos a contar da data da sua entrega, conforme se trate, respectivamente, de bem móvel ou imóvel".

Trata-se de norma inovadora de grande alcance — a aplicar só para o futuro — *na medida em que consagra a interrupção dos prazos da garantia em vez da sua suspensão resultante do primitivo n.° 5 do art. 5.°, ora revogado, quando haja substituição do bem.*

Escrevíamos assim na anterior edição, na anotação 1.4. do ponto II (p. 96):

> "A suspensão dos prazos referida no n.° 5 vale, *eadem ratio,* para o tempo despendido com a operação de substituição ou com as negociações tendentes a solução amigável.

Atente-se bem: *a reparação ou a substituição do bem suspende e não interrompe os prazos de denúncia e de caducidade* – não se inutilizando, portanto, todo o tempo decorrido anteriormente nem começando a correr novo prazo desde a (re)entrega do objecto reparado ou desde a entrega do objecto substituto –, *aplicando-se ao bem substituto a presunção referida no n.° 2 do art. 3.° sempre que a sua falta de conformidade se manifeste ainda no prazo de dois ou de cinco anos a contar da entrega da coisa (móvel ou imóvel) substituída*". Neste sentido, entretanto, acórdão da Relação do Porto de 9 de Julho de 2009 (Processo n.° 2027/08.STJPRT.P1).

III. Anotação ao n.° 7

1. Suspensão do prazo da garantia

O novo n.° 7, introduzido pelo Decreto-Lei n.° 84/2008, corresponde substantivamente ao ora revogado n.° 5 do mesmo art. 5.°: suspensão do prazo da garantia a partir da data da denúncia, durante o período em que o consumidor estiver privado do uso do bem com o objectivo da sua reparação ou de solução amigável do caso.

ARTIGO 5.º-A
Prazo para exercício de direitos

1 – Os direitos atribuídos ao consumidor nos termos do artigo 4.º caducam no termo de qualquer dos prazos referidos no artigo anterior e na ausência de denúncia da desconformidade pelo consumidor, sem prejuízo do disposto nos números seguintes.

2 – Para exercer os seus direitos, o consumidor deve denunciar ao vendedor a falta de conformidade num prazo de dois meses, caso se trate de bem móvel, ou de um ano, se se tratar de bem imóvel, a contar da data em que a tenha detectado.

3 – Caso o consumidor tenha efectuado a denúncia da desconformidade, tratando-se de bem móvel, os direitos atribuídos ao consumidor nos termos do artigo 4.º caducam decorridos dois anos a contar da data da denúncia e, tratando-se de bem imóvel, no prazo de três anos a contar desta mesma data.

4 – O prazo referido no número anterior suspende-se durante o período em que o consumidor estiver privado do uso dos bens com o objectivo de realização das operações de reparação ou substituição, bem como durante o período em que durar a tentativa de resolução extrajudicial do conflito de consumo que opõe o consumidor ao vendedor ou ao produtor, com excepção da arbitragem.

5 – A tentativa de resolução extrajudicial do litígio inicia-se com a ocorrência de um dos seguintes factos:

a) As partes acordem no sentido de submeter o conflito a mediação ou conciliação;

b) **A mediação ou a conciliação seja determinada no âmbito de processo judicial;**
c) **Se constitua a obrigação de recorrer à mediação ou conciliação.**

Nota Bem:

O art. 5.°-A, introduzido pelo Decreto-Lei n.° 84/2008, resulta substancialmente do desdobramento do primitivo art. 5.° em dois: prazo da garantia (art. 5.°); prazo para o exercício dos direitos de garantia (art. 5.°-A), reabsorvendo este último os n.os 3 a 5 do primitivo art. 5.°.

I. Anotação aos n.os 1 a 3

1. Denúncia do defeito e caducidade dos direitos

1.1. A Directiva não impõe ao consumidor o *ónus de denunciar ao vendedor os defeitos de conformidade* para fazer valer os seus direitos. Reconhece, todavia, aos Estados-membros essa faculdade, com um limite: um *prazo de pelo menos dois meses a contar da data em que a falta de conformidade tenha sido detectada* (art. 5.°, n.° 2), já não a partir da data em que o consumidor a tivesse podido conhecer como chegou a constar da Proposta da Directiva.

Relativamente ao direito português vigente, isto significava: necessariamente, um alargamento para o dobro do prazo da denúncia, bem como do prazo da duração da garantia, previstos no art. 12.°, n.° 2, e no art. 4.°, n.° 2, da Lei n.° 24/96; desejavelmente, nos mesmos termos, a alteração do n.° 2 do art. 916.° do Código Civil – "A denúncia será feita até sessenta dias depois de conhecido o defeito e dentro de dois anos após a entrega da coisa" – e *dos arts. 1220.° e 1224.°, n.° 1, do Código Civil, com a denúncia dentro de sessenta dias e dois anos,* respectivamente.

No mais valeria o direito nacional:

Assim (art. 12.°, n.ºs 3 e 4, da Lei n.° 24/96), "caducam os direitos de reparação ou substituição do bem, de redução do preço ou resolução do contrato e de indemnização, findo qualquer dos prazos referidos sem que o consumidor *tenha feito* a denúncia – vale aqui, pois, a emissão da declaração de denúncia pelo comprador e não a sua recepção pelo vendedor –, ou decorridos sobre esta seis meses, não se contando para o efeito o tempo despendido com as operações de reparação" ou, *eadem ratio,* de substituição ou de negociações entre o vendedor e o consumidor com vista a solução amigável (cfr. considerando n.° 18 da Directiva);

A denúncia não é necessária quando o vendedor houver usado de dolo (art. 916.°, n.° 1, do Código Civil), no ocultamento da falta de conformidade, ou reconhecido a existência do defeito.

1.2. Significa tudo isto que as exigências da Directiva no tocante aos prazos para o exercício dos direitos encontrariam satisfação com pequenas alterações na redacção dos artigos da legislação portuguesa citada. Não foi esse, todavia, o *modo* escolhido pelo legislador, que preferiu revogar os n.ºs 2, 3 e 4 do art. 4.° e os n.ºs 1 a 3 do art. 12.° da Lei de Defesa do Consumidor – com o primeiro (art. 4.°) a ficar reduzido ao anterior n.° 1 e o segundo (art. 12.°) aos anteriores n.ºs 4 e 5.

Desta maneira, no primitivo art. 5.° do Decreto-Lei de transposição em apreço, o n.° 3 correspondia ao anterior n.° 2 do art. 12.° da Lei de Defesa do Consumidor e os n.ºs 4 e 5 correspondiam ao n.° 3 do art. 12.° e ao n.° 4 do art. 4.° da mesma Lei de Defesa do Consumidor, apenas actualizados nos referidos prazos de denúncia e de caducidade.

Com o Decreto-Lei n.° 84/2008, os n.ºs 3 a 5 foram revogados, mas substancialmente reabsorvido o seu conteúdo no novo art. 5.°-A.

1.3. Em breve: o prazo de duração de garantia ou responsabilidade é de dois ou cinco anos a partir da entrega da coisa móvel ou imóvel, respectivamente (art. 5.°, n.° 1); o prazo para o cumprimento do *ónus* da denúncia do defeito é de dois meses ou de um ano, consoante a natureza móvel ou imóvel da coisa, a contar da data em que o tenha descoberto ou detectado (art. 5.°-A, n.° 2); a caducidade dos direitos – também do direito de indemnização reconhecido no n.° 1 do art. 12.° da Lei de Defesa do Consumidor (para a justificação, cfr. João Calvão da Silva, *Responsabilidade civil do produtor, cit.*, n.° 45; veja-se, neste sentido, o acórdão da Relação de Coimbra, de 14/11/2006 – Processo n.° 477/05.8TBILV.C1) –, se a denúncia não ocorrer tempestivamente, vale dizer, se não for feita *dentro* do prazo da duração da garantia *e até* dois meses ou um ano depois de conhecido o defeito da coisa móvel ou imóvel, respectivamente (art. 5.°-A, n.° 1); *a caducidade dos direitos, decorridos sobre a denúncia dois ou três anos,* no caso de bem móvel ou imóvel respectivamente, *verdadeiro prazo de caducidade da acção.*

1.4. *Este novo prazo de caducidade da acção* — dois ou três anos a contar da denúncia, conforme a natureza mobiliária ou imobiliária do bem — *é profundamente inovador e conforme à Directiva: no primitivo art. 5.°, n.° 4, in fine, ora revogado, essa caducidade ocorria seis meses após a denúncia tempestiva do defeito, independentemente da natureza do bem, continuando a ser assim no art. 917.° do Código Civil, com uma quebra de harmonia injustificada. Vide* acórdão do Supremo Tribunal de Justiça, de 12 de Janeiro de 2010 (Processo n.° 2212/06.4TB MAI.P1. S1).

Na versão do revogado n.° 4 do art. 5.°, *pergunta-se: transcorridos seis meses sobre a denúncia tempestiva do defeito, poderá ainda o consumidor intentar a acção?*

A resposta é positiva, na medida em que o direito comum lhe seja mais favorável pela previsão de prazo mais longo para a propositura da acção, como acontece na empreitada: um ano sobre a denúncia (arts. 1224.° e 1225.° do Código Civil).

E isto é assim, dada a natureza de protecção mínima assegurada pelo Decreto-Lei n.° 67/2003 interpretado em conformidade com a Directiva n.° 1999/44/CE, cujo art. 8.° é claro e inequívoco:

"1. O exercício dos direitos resultantes da presente directiva não prejudica o exercício de outros direitos que o consumidor possa invocar ao abrigo de outras disposições nacionais relativas à responsabilidade contratual ou extracontratual.

2. Os Estados-Membros podem adoptar ou manter, no domínio regido pela presente directiva, disposições mais estritas, compatíveis com o Tratado, com o objectivo de garantir um nível mais elevado de protecção do consumidor".

II. Anotação aos n.os 4 e 5

1. **Suspensão do prazo de caducidade da acção**

1.1. O prazo de caducidade da acção referido no n.° 3 *suspende-se* durante o período em que o consumidor estiver privado do uso do bem com o objectivo da sua reparação ou substituição, bem como durante o período da *tentativa de resolução extrajudicial do conflito* com o vendedor ou produtor, *com excepção da arbitragem* (n.° 4).

Era o que defendíamos já na versão primitiva do art. 5.°, n.° 5, ora revogado: "a suspensão dos prazos referidos no n.° 5 vale, *eadem ratio*, para o tempo despendido com a operação de substituição ou com as negociações tendentes a solução amigável" (anotação 1.4. do n.° II).

Trata-se, pois, de um caso excepcional em que o prazo de caducidade se suspende, já que em regra não há suspensão nem interrupção da caducidade (art. 328.° do Código Civil).

1.2. O termo *a quo* da tentativa de resolução extrajudicial do conflito vem fixado no n.° 5.

A mediação ou conciliação vem regulada na Lei n.° 78/2001, de 13 de Julho.

1.3. *A excepção da arbitragem* (art. 5.°-A, n.° 4, *in fine*) *é óbvia:* a acção arbitral tempestivamente proposta goza do regime do art. 332.° do Código Civil, com aplicação do n.° 3 do art. 327.°, *ex vi* do art. 332.°, n.° 1, ambos do Código Civil.

Para a acção de arbitragem voluntária, *vide* Lei n.° 31/86, de 29 de Agosto.

ARTIGO 6.°

Responsabilidade directa do produtor

1 – Sem prejuízo dos direitos que lhe assistem perante o vendedor, o consumidor que tenha adquirido coisa defeituosa pode optar por exigir do produtor a sua reparação ou substituição, salvo se tal se manifestar impossível ou desproporcionado tendo em conta o valor que o bem teria se não existisse falta de conformidade, a importância desta e a possibilidade de a solução alternativa ser concretizada sem grave inconveniente para o consumidor.

2 – O produtor pode opor-se ao exercício dos direitos pelo consumidor verificando-se qualquer dos seguintes factos:

_a_) Resultar o defeito exclusivamente de declarações do vendedor sobre a coisa e sua utilização, ou de má utilização;
_b_) Não ter colocado a coisa em circulação;
_c_) Poder considerar-se, tendo em conta as circunstâncias, que o defeito não existia no momento em que colocou a coisa em circulação;
_d_) Não ter fabricado a coisa nem para venda nem para qualquer outra forma de distribuição com fins lucrativos, ou não a ter fabricado ou distribuído no quadro da sua actividade profissional;
_e_) Terem decorrido mais de 10 anos sobre a colocação da coisa em circulação.

3 – O representante do produtor na zona de domicílio do consumidor é solidariamente responsável com o produtor perante o consumidor, sendo-lhe igualmente aplicável o n.° 2 do presente artigo.

4 – *(Revogado pelo Decreto-Lei n.° 84/2008, de 21 de Maio.)*
5 – *(Revogado pelo Decreto-Lei n.° 84/2008, de 21 de Maio.)*

I. Anotações aos n.os 1 e 3

1. Acção directa do consumidor contra o produtor ou seu representante

1.1. Faculta-se ao consumidor *acção directa* contra o produtor, definido na al. d) do art. 1.°-B (cfr. *supra,* respectiva anotação), ou contra o seu representante, definido na al. e) do art. 1.°-B (cfr. *supra,* respectiva anotação): a acção directa contra o produtor vem consagrada, *expressis verbis,* no n.° 1; a acção directa contra o representante do produtor na zona de domicílio do consumidor resulta da responsabilidade solidária, consagrada no n.° 3.

Porque, pelo conhecido regime da solidariedade passiva (arts. 512.° a 527.° do Código Civil), cada um dos devedores responde pela prestação integral e esta a todos libera (art. 512.°, n.° 1, do Código Civil), *o consumidor pode intentar a acção directa só contra o produtor, só contra o seu representante ou contra ambos* (regime do litisconsórcio voluntário – art. 517.° do Código Civil; art. 27.° do Código de Processo Civil).

Porque, pelo mesmo regime, o credor tem o direito de exigir de qualquer dos condevedores *toda* a prestação (art. 519.°, n.° 1, do Código Civil), ao demandado não é lícito opor o benefício da divisão – cada devedor deve toda a prestação e não apenas *pro parte* – e o eventual chamamento do outro devedor à acção, através da figura da intervenção principal provocada (art. 329.° do Código de Processo Civil), não libera o autor (do chamamento) da obrigação de efectuar a prestação por inteiro (art. 518.° do Código Civil) mas permite-lhe ficar com um título executivo para o direito de regresso (art. 329.°, n.° 2, do Código de Processo Civil); na acção movida apenas contra um, o outro pode nela intervir como parte principal, porquanto, em relação ao objecto da causa, tem um interesse igual ao do réu, nos termos do litisconsórcio voluntário (intervenção principal espontânea, prevista no art. 320.°, al. a), do Código de Processo Civil).

1.2. A *action directe,* desenvolvida no silêncio da lei pela jurisprudência francesa com propagação à belga e luxemburguesa, merece há muito tempo a minha simpatia (cfr. João Calvão da Silva, *Responsabilidade civil do produtor, cit.,* n.° 59, p. 316 e segs.). Nesta obra pude escrever o seguinte (p. 327):

> "*A acção directa do adquirente final contra o produtor, verdadeiro responsável pelo vício ou defeito do produto, é lógica* mesmo em ordenamento jurídico, como o nosso, em que vigora o concurso de responsabilidade contratual e extracontratual, porquanto a sanção da não-conformidade do produto não se esgota na indemnização. *É de requerer, contudo, intervenção legislativa que,* atendendo à interdependência funcional dos contratos sucessivos concluídos para satisfação do sub-adquirente final, *consagre uma acção directa própria* e não cedida, vale dizer, *que conceda ao último adquirente a possibilidade de exercer directamente contra o produtor os direitos de que dispõe, em virtude da garantia,* e que solucione dificuldades de regime decorrentes do encadeamento de contratos sucessivos, *nomeadamente o conteúdo da acção – reparação ou substituição da coisa, indemnização do seu próprio dano* ainda que maior do que o sofrido pelo próprio comprador, *diminuição do preço, resolução – e o prazo da sua propositura.* De outro modo, não só será controverso o fundamento da acção directa, como a sua utilidade prática poderá ser posta em causa...".

Reclamada de *iure condendo, a acção directa* aparece agora introduzida no artigo em apreço, nos termos do §7 do Anteprojecto de Paulo Mota Pinto (*Cumprimento defeituoso, cit.,* p. 93, *in fine,* e p. 94, motivado nas pp. 58 a 64). *Opção livre do legislador português, pois,* na esteira da Proposta, da Proposta Alterada e da Posição Comum, e não obstante a tentativa do Parlamento Europeu de a introduzir (cfr. a alteração 25 *in* JOCE C104, de 6/4/98, p. 35), *a Directiva 1999/44/CE não prevê a acção directa*. Apenas a refere no considerando n.° 24 ("... atendendo a esta evolução e à experiência adquirida com a aplicação da presente directiva, poderá ser necessário considerar um grau mais elevado de harmonização e prever, nomeadamente, a responsabilidade directa do produtor pelos defeitos de que é responsável") e no art. 12.°:

> "O mais tardar até 7 de Julho de 2006, a Comissão examinará a aplicação da presente directiva e apresentará um relatório ao Parlamento Europeu e ao Conselho. *O relatório abordará,* designadamente, *a questão da eventual introdução da responsabilidade directa do produtor* e, se necessário, será acompanhado de propostas".

2. **Âmbito subjectivo da acção directa**

2.1. No tocante ao *âmbito subjectivo,* repare-se que a *acção directa é facultada tão-somente ao consumidor-adquirente final contra o produtor* (n.° 1: "... o consumidor que tenha adquirido coisa defeituosa pode optar por exigir do produtor...") *ou seu representante* (n.° 3).

Deste modo, se o defeito ou falta de conformidade existia já no momento da entrada em circulação do produto, o consumidor-comprador final pode propor, *omissis mediis,* a acção contra o produtor-vendedor inicial. Isto, naturalmente, caso não prefira actuar contra o seu vendedor imediato – repare-se na parte inicial do n.° 1 ("sem prejuízo dos direitos que lhe assistem perante o vendedor..."), a evidenciar que a *action directe* contra o produtor não exclui a acção contratual do consumidor lesado contra a pessoa que lhe vendeu directamente o produto defeituoso. *Numa como noutra das opções, são as mesmas as condições e os prazos da responsabilidade, quer do vendedor quer do produtor,* podendo este invocar ainda o prazo preclusivo previsto na al. e) do n.° 2 do art. 6.°.

Mas se a falta de conformidade da coisa tem origem num anel da cadeia distributiva, por exemplo, no primeiro grande grossista, o consumidor final já não pode intentar a acção directa contra o produtor.

2.2. *Teria sido melhor a consagração da acção directa do consumidor contra qualquer dos vendedores em cadeia* da coisa defeituosa, provada (pelo autor) a existência da falta de conformidade da coisa já no momento da sua alienação, melhor, da sua entrega pelo vendedor demandado no processo.

Assim se poderiam evitar acções em cascata – o consumidor age contra o seu vendedor, o qual exerce acção de regresso contra o vendedor precedente, e assim por diante – *e se resolveriam casos de "desaparecimento" ou insolvência do produtor ou outro vendedor intermediário:* o consumidor poderia, à sua escolha (por nisso ter interesse ou julgar mais justo), intentar a acção de garantia contra as pessoas que na cadeia da comercialização venderam a coisa quando o vício ou defeito já existia.

3. Âmbito objectivo da acção directa

3.1. No que concerne ao *âmbito objectivo, a acção directa confina-se à reparação ou substituição da coisa defeituosa:* o consumidor só pode propor acção de reparação ou substituição contra o produtor ou seu representante.

3.2. Com a nova redacção dada ao n.° 1 do art. 6.° pelo Decreto-Lei n.° 84/2008, desapareceu a livre escolha do demandado. E desapareceu bem, pois, como dizíamos nas anteriores edições desta obra, a livre escolha (reparar ou substituir a coisa defeituosa) é do consumidor e não do produtor, conforme exigência do art. 3.°, n.° 3, da Directiva e do art. 4.°, n.° 5, do Decreto-Lei.

Por outro lado, o Decreto-Lei n.° 84/2008 introduziu no n.° 1 do art. 6.° a impossibilidade ou a desproporção da *action directe* contra o produtor: o consumidor final não gozará da acção directa de reparação ou substituição da coisa contra o produtor, "se tal se manifestar impossível ou desproporcionado tendo em conta o valor que o bem teria se não existisse falta de conformidade, a importância desta e a possibilidade de a solução alternativa ser concretizada sem grave inconveniente para o consumidor".

A mesma doutrina vale na acção de reparação ou substituição contra o vendedor, conforme resulta do disposto no n.° 5 do art. 4.° (cfr., *supra*, anotação correspondente) e do art. 3.°, n.° 3, da Directiva, fonte directa e literal da nova segunda parte do n.° 1 do art. 6.° em apreço. Na verdade, dispõe o art. 3.°, n.° 3, da Directiva:

> "Em primeiro lugar, o consumidor pode exigir do vendedor a reparação ou a substituição do bem, em qualquer dos casos sem encargos, a menos que isso seja impossível ou desproporcionado.
>
> Presume-se que uma solução é desproporcionada se implicar para o vendedor custos que, em comparação com a outra solução, não sejam razoáveis, tendo em conta:
>
> – O valor que o bem teria se não existisse falta de conformidade,
> – A importância da falta de conformidade,
> – A possibilidade de a solução alternativa ser concretizada sem grave inconveniente para o consumidor.
>
> A reparação ou substituição deve ser realizada dentro de um prazo razoável, e sem grave inconveniente para o consumidor, tendo em conta a natureza do bem e o fim a que o consumidor o destina".

No âmbito da acção directa não cabem, por conseguinte, os direitos à redução do preço ou à resolução do contrato, alegadamente e até certo ponto compreensivelmente por o preço a reembolsar ter sido pago pelo consumidor ao seu vendedor imediato e não ao produtor.

Não nos esqueçamos, porém, que o produtor é o vendedor originário ou vendedor inicial e recebeu um preço em contrapartida. Em razão disto, naturalmente, na acção de resolução que o consumidor pudesse intentar contra o produtor, *este não teria de restituir, como efeito da retroactividade da resolução, mais do que o preço por si recebido*. Nesta hipótese, como a contrapartida da restituição da coisa ao vendedor inicial pelo consumidor seria a restituição do preço que aquele recebeu e não o pago por este, a acção directa de resolução contra o produtor não teria interesse senão em caso de insolvabilidade do vendedor final. Só que a diferença entre os preços podia ser devida a título de indemnização dos prejuízos causados ao adquirente final, o que tornaria de interesse normal, corrente, a acção directa de resolução (ou seu diminutivo, a redução do preço) contra o produtor.

Veja-se, entre nós, o art. 1225.°, n.° 1 do Código Civil, na redacção dada pelo Decreto-Lei n.° 267/94, de 25 de Outubro, em que a acção directa dos proprietários sucessivos do imóvel contra o empreiteiro foi acolhida: o empreiteiro é responsável pelo prejuízo causado ao dono da obra ou a terceiro adquirente, sucessor na titularidade dentro do prazo da garantia (cfr. João Calvão da Silva, *Responsabilidade civil do produtor, cit.*, p. 470 e segs.).

Veja-se, em França, o âmbito largo da *action directe,* não restringido à reparação ou substituição. Numa primeira fase limitada à indemnização, *desde 1982 que a action directe se estende à action rédhibitoire, na sua totalidade, compreendendo, pois, a resolução da venda ou seu diminutivo (a redução do preço), quaisquer que sejam os contratos de comercialização ou distribuição em cadeia do produto*.

3.3. *O largo espectro da acção directa potenciava o princípio da economia processual* – a *"diagonal privity"* como sucedânea da *"vertical privity"*, inerente ao princípio da relatividade dos contratos, por força do qual o consumidor age contra o seu vendedor, o qual exerce acção de regresso contra o vendedor precedente, e assim por diante –, *com a responsabilidade do produtor (que na ori-*

gem do defeito está) a acompanhar os produtos distribuídos no mercado: afinal, o último vendedor ou qualquer vendedor intermediário de produto defeituoso de origem responde, bem vistas as coisas, por "transmissão-circulação" da responsabilidade do verdadeiro responsável pela falta de conformidade, com direito recursório contra ele, o produtor causal.

E assim, a mais ampla acção directa contra o produtor por vícios físicos ou defeitos de qualidade da coisa harmonizava-se com a responsabilidade directa do produtor por vícios de segurança do produto, regulada no Decreto-Lei n.° 383/89, de 6 de Novembro (para a necessidade de um sistema unitário do regime da conformidade e da segurança dos produtos, cfr. João Calvão da Silva, *Compra e venda de coisas defeituosas, cit.*, conclusão final).

II. Anotações ao n.° 2

1. Alíneas a) e c): a presunção de imputabilidade do defeito da coisa ao produtor

1.1. *Pressuposto da acção directa é o produtor causal ou causador do defeito da coisa, o produtor que está na origem do defeito e põe em circulação o produto assim defeituoso desde a origem* – defeito de concepção ou *design,* defeito de fabrico, defeito de informação ou instrução, defeito ou risco do desenvolvimento (para esta tipologia de defeitos, *vide* João Calvão da Silva, *Responsabilidade civil do produtor, cit.*, p. 655 e segs.) –, *a fazer com que o (re)vendedor entregue ao consumidor bem não conforme ao contrato e responda por essa falta de conformidade imputável ao produtor.*

Nada mais natural, pois, do que o produtor poder alegar e provar não se tratar de defeito de origem, nem sequer em gérmen, vale dizer, não lhe ser imputável a falta de conformidade com o contrato.

Logo, *o que há de novo e significativo nas alíneas a) e c) é a presunção legal de imputabilidade ao produtor da falta de conformidade alegada e provada pelo consumidor* (art. 342.°, n.° 1, do

Código Civil), *a significar que à presunção da sua existência na data da entrega pelo (re)vendedor (art. 3.°, n.° 2) se junta a presunção da sua existência já no momento da entrada em circulação da coisa* – neste sentido, entretanto, acórdão do STJ, de 16 de Outubro de 2003 (Processo 03B2959); acórdão da Relação do Porto, de 27 de Março de 2003 (Processo 0330634).

1.2. Daí *factos impeditivos do direito* invocado contra o produtor, excepções peremptórias cuja prova importará a absolvição total do pedido (art. 342.°, n.° 2, do Código Civil; art. 493.°, n.° 2, do Código do Processo Civil), tais como:

- *Inexistência da falta de conformidade* no momento em que pôs a coisa em circulação *(prova positiva da inexistência do defeito);*
- *Razoabilidade e probabilidade da inexistência da falta de conformidade* no momento em que colocou a coisa em circulação, tendo em conta as circunstâncias (al. c)), em especial o *tipo* da coisa, a *natureza* do defeito e o tempo decorrido, sendo *suficiente a prova negativa* da *plausibilidade da inexistência do defeito*, naquela data (cfr., para mais desenvolvimentos, João Calvão da Silva, *Responsabilidade civil do produtor, cit.*, n.° 132, p. 718 e segs., e acórdão do STJ de 16/10/2003, confirmando o acórdão da Relação do Porto, de 27/03/2003, citados);
- *Posterioridade (ao momento em que pôs a coisa em circulação) da falta de conformidade* a si não imputável ou por si não (con)causada, *exclusivamente devida,* por exemplo, *às declarações do (re)vendedor sobre a coisa e (modo de) sua utilização* (vejam-se, designadamente, as als. a) e d) do n.° 2 do art. 2.°, descrição da coisa e declarações públicas sobre as suas características concretas feitas pelo vendedor) *ou à má utilização da coisa* (al. a), *prova positiva* de que o defeito surgiu após a entrada em circulação da coisa e é imputável a terceiro ou à própria vítima.

1.3. Deste modo, *o produtor de parte componente* do produto final não conforme *pode opor-se ao exercício dos direitos pelo consumidor mediante a prova positiva da inexistência ou a prova negativa da probabilidade da inexistência de defeito da parte componente* (al. c)), *com resultado igual à (dispensável e dispensada) al. f) do art. 5.° do Decreto-Lei n.° 383/89*. Na verdade, provar que o defeito da parte componente ou matéria-prima é imputável ou inteiramente devido à concepção do produto em que foi incorporada equivale a demonstrar que ela em si mesma – enquanto produto autónomo – não era defeituosa no momento em que foi posta em circulação, ou seja, no momento em que foi voluntariamente entregue ao produtor final. Logo, *o defeito é só do produto final,* não acarretando a responsabilidade do produtor da parte componente incorporada porque não é defeituosa em si mesma – o defeito de concepção é do produto final e não da parte componente, em si considerada não defeituosa mas de uso impróprio ou inapropriado naquele (v.g. bateria ou pneu perfeito mas inadequado para um determinado tipo de automóvel).

E o mesmo se pode dizer da segunda alternativa – defeito da parte componente imputável às instruções dadas pelo fabricante do produto final –, pelo menos no caso de o produtor final encomendar uma parte componente a fabricar segundo as suas instruções sem indicar ao produtor parcial o fim específico da sua aplicação, e a mesma em si não for considerada defeituosa mas não se apresentar adequada e idónea para o fim concreto querido por aquele (cfr. João Calvão da Silva, *Responsabilidade civil do produtor, cit.*, n.° 136, p. 727 e segs.).

1.4. No plano teórico, também poderá terá lugar a *exclusão da responsabilidade do produtor por defeito devido à conformidade do produto com normas imperativas* (al. d) do art. 5.° do Decreto-Lei n.° 383/89), apesar da sua não consagração expressa no n.° 2 do artigo em apreço. *Ponto é que o produtor prove – "probatio diabolica" – o nexo de causalidade entre o defeito da coisa e a conformidade à norma imperativa,* vale dizer, demonstre que o conteúdo obrigatório da norma é que *originou* o defeito do produto, de tal sorte que este seja devido *au fait du prince* ou *factum principis*. O que só acontecerá se as normas legais tiverem um conteúdo tão minucioso e tão rígido que imponham um "modo de fabrico", sem margem para alternativa do produtor, a excluir o *seu* nexo de causalidade e a imputá-lo ao Estado-legislador (Cfr. João Calvão da Silva, *Responsabilidade civil do produtor, cit.*, n.° 134, p. 724 e segs.)

Na prática, nesta hipótese extrema não se vê como poderia reparar-se ou substituir-se a coisa... a não ser por outra igualmente defeituosa, a explicar a sua não previsão no n.° 2 em apreço – relembre-se o âmbito da acção directa, limitado à reparação ou substituição da coisa defeituosa (n.° 1).

Assim se compreende também a não previsão dos riscos de desenvolvimento como meio de oposição do produtor à acção directa de reparação ou substituição da coisa: se o estado da ciência e da técnica, no momento em que pôs o produto em circulação, não permitia detectar a existência do defeito (al. e) do art. 5.° do Decreto-Lei n.° 383/89), todos os produtos assim mal concebidos e fabricados são defeituosos, a impossibilitar a reposição da conformidade pela substituição ou reparação da coisa (cfr. João Calvão da Silva, *Responsabilidade civil do produtor, cit.*, n.° 119, p. 663 e segs., e n.° 135, p. 727 e segs.).

2. **Alínea b): a não colocação em circulação da coisa**

2.1. Outro facto impeditivo do direito invocado contra o produtor é a falta de colocação em circulação da coisa (al. b)). Nada mais natural, pois um dos pressupostos ou elementos constitutivos da responsabilidade do produtor é a colação em circulação da coisa, vale dizer, o seu *consciente e voluntário lançamento no tráfico para comercialização*. Importante e determinante, por conseguinte, é o produtor entender que o seu produto *está em condições de entrar no circuito ou rede de distribuição e essa entrada se verificar com o seu conhecimento e vontade*.

Corresponde isto a ver o cerne da questão na *traditio,* no facto de o produtor *entregar voluntariamente* o produto – perdendo, por isso, a sua guarda – a terceiro, com o correlativo poder de disposição, de utilização, de direcção e de controlo (*amplius,* João Calvão da Silva, *Responsabilidade civil do produtor, cit.,* p. 667 e segs.).

2.2. O que há de novo e significativo nesta disposição (al. b) é a *presunção legal de que a coisa defeituosa foi emitida voluntariamente no tráfico.* Cabe, portanto, ao produtor a demonstração do contrário, através de qualquer meio probatório.

Essa prova do contrário significa, aqui, convencer o juiz de que não entregou voluntariamente o produto a terceiro, demonstrando que o mesmo saiu da sua guarda e poder de disposição, *verbi gratia,* por furto, roubo ou desfalque (cfr. João Calvão da Silva, *Responsabilidade civil do produtor, cit.,* n.° 131).

3. **Alínea d): a produção fora do âmbito da actividade profissional e sem fim lucrativo**

3.1. Pela alínea d), o produtor exime-se à responsabilidade se provar a não existência dos dois pressupostos nela mencionados, ou seja, se demonstrar *cumulativamente* que a coisa não foi produzida para venda ou qualquer outra forma de distribuição com fins lucrativos (v.g., aluguer, *leasing, franchising*), *nem* produzida ou distribuída no quadro da sua actividade profissional (cfr. João Calvão da Silva, *Responsabilidade civil do produtor, cit.,* n.° 133).

Fora do perímetro de aplicação da norma fica o produtor privado que fabrica objectos para uso próprio e fora do quadro da actividade profissional.

3.2. Também esta causa de exclusão da responsabilidade do produtor se impõe como natural, tendo presente a venda de bens de consumo, objecto da Directiva e do Decreto-Lei de sua transposição para a ordem jurídica interna, como contrato civil cujo vendedor tem de ser um profissional: venda de bens a consumidores por empresários, no exercício de uma actividade profissional e lucrativa.

4. Alínea e): caducidade

4.1. Sem prejuízo de a sua responsabilidade directa cessar nos mesmos prazos e condições da responsabilidade do vendedor final, o produtor pode opor ao exercício dos direitos pelo consumidor o decurso de mais de dez anos sobre a data em que colocou a coisa em circulação (al. e)).

Trata-se, portanto, de *facto extintivo do direito invocado* contra o produtor, *excepção peremptória* a importar a absolvição do pedido (art. 342.°, n.° 2, do Código Civil; art. 493.°, n.° 3, do Código de Processo Civil).

4.2. Em causa um prazo de caducidade, igual ao previsto no art. 12.° do Decreto-Lei n.° 383/89:

> "Decorridos dez anos sobre a data em que o produtor pôs em circulação o produto causador do dano, caduca o direito ao ressarcimento, salvo se estiver pendente acção intentada pelo lesado".

Esta parte final, não constante da al. e) em apreciação, aplica-se igualmente: se, de acordo com os prazos previstos no art. 5.°, a acção for tempestiva, o direito à reposição da conformidade pela substituição ou reparação da coisa não caduca.

A fixação deste prazo preclusivo protege, indubitavelmente, o produtor (cfr. João Calvão da Silva, *Responsabilidade civil do produtor, cit.*, n.° 142).

Artigo 7.°
Direito de regresso

1 – O vendedor que tenha satisfeito ao consumidor um dos direitos previsto no artigo 4.° bem como a pessoa contra quem foi exercido o direito de regresso gozam de direito de regresso contra o profissional a quem adquiriram a coisa, por todos os prejuízos causados pelo exercício daqueles direitos.

2 – O disposto no n.° 2 do artigo 3.° aproveita também ao titular do direito de regresso, contando-se o respectivo prazo a partir da entrega ao consumidor.

3 – O demandado pode afastar o direito de regresso provando que o defeito não existia quando entregou a coisa ou, se o defeito for posterior à entrega, que não foi causado por si.

4 – Sem prejuízo do regime das cláusulas contratuais gerais, o acordo pelo qual se exclua ou limite antecipadamente o exercício do direito de regresso só produz efeitos se for atribuída ao seu titular uma compensação adequada.

I. Anotações aos n.os 1, 2 e 3

1. O art. 4.° e o considerando 9.° da Directiva

1.1. Estatui como segue o art. 4.° da Directiva 1999/44/CE:

"*Quando o vendedor final for responsável perante o consumidor pela falta de conformidade resultante de um acto ou omissão do produtor, de um vendedor anterior da mesma cadeia contratual, ou de qualquer outro intermediário,* o vendedor final *tem direito de regresso contra a pessoa ou pessoas responsáveis da cadeia contratual*. O responsável ou os responsáveis contra quem o vendedor final tem direito de regresso, bem como as correspondentes acções e condições de exercício, são determinados pela legislação nacional".

1.2. E o considerando 9 da mesma Directiva refere assim:

"Considerando que o vendedor deve ser directamente responsável perante o consumidor pela conformidade dos bens com o contrato; que é essa a solução tradicional consagrada na ordem jurídica dos Estados-membros; que, não obstante, *o vendedor*, nos termos do direito nacional, *deve gozar de um direito de reparação* perante o produtor, um vendedor anterior da mesma cadeia contratual, ou qualquer outro intermediário, *salvo se tiver renunciado a esse direito;* que a presente directiva não prejudica o princípio da liberdade contratual entre o vendedor, o produtor, um vendedor anterior ou qualquer outro intermediário; que as normas que regem o modo como o vendedor pode exercer esse direito de reparação são determinadas pela legislação nacional".

1.3. Três coisas importantes se seguem daqui:

1) A responsabilidade do vendedor, perante o consumidor, pela conformidade do bem com o contrato;
2) Um direito de regresso do vendedor (final) contra a pessoa ou pessoas da cadeia contratual responsáveis pela falta de conformidade;
3) A liberdade contratual na conformação do direito de regresso do profissional.

2. **Âmbito subjectivo da acção de regresso**

2.1. No *spatium deliberandi* deixado aos Estados-membros, o legislador português manteve-se fiel ao figurino tradicional inerente ao princípio da relatividade dos contratos: *o vendedor final (empresário ou profissional) que responda perante o consumidor goza de direito de regresso contra o seu fornecedor, profissional a quem adquiriu a coisa já defeituosa; este goza igualmente de regresso contra o seu transmitente profissional,* e assim por diante de elo em elo (leia-se de contrato em contrato) até chegar ao verdadeiro responsável pelo defeito, normalmente o produtor.

2.2. Quatro aspectos a assinalar:

- Diferentemente do consumidor (art. 6.°, n.° 1), o vendedor não pode intentar acção directa de regresso contra o fabricante responsável pelo defeito, salvo se seu antecessor na cadeia contratual (n.° 1);
- *O direito de regresso do empresário na cadeia de vendas é contra vendedor profissional* (n.° 1), *já não contra vendedor-consumidor* (pense-se em *stand* de automóveis de ocasião a vender viaturas adquiridas a particulares: o titular do *stand* que satisfaça o direito do consumidor não goza de regresso contra o seu antecessor, transmitente-consumidor e não um profissional);
- *Presunção da existência do defeito no momento da entrega da coisa ao titular do direito de regresso*, se o mesmo se manifestar dentro de dois ou cinco anos posteriores à entrega ao consumidor, consoante a coisa seja móvel ou imóvel (n.° 2);
- O demando na acção de regresso pode afastar este direito, provando que o defeito não existia quando entregou a coisa ao seu comprador e exercente do regresso ou, se o defeito for posterior a essa entrega, que não foi causado por si (n.° 3), *não se descortinando razões válidas para que, na ilisão da presunção legal da existência do defeito no momento da "traditio", não valham aqui as alíneas a), c) e e) do n.° 2 do art. 6.°:* afinal, o direito de regresso existe porque e na medida em que o seu titular respondeu por falta de confor-

midade imputável a precedente vendedor na mesma cadeia distributiva, em ordem a responsabilizar em termos definitivos o verdadeiro e efectivo causador desse defeito, fazendo-lhe suportar as consequências económicas negativas do remédio feito valer pelo consumidor.

3. Âmbito objectivo da acção de regresso

3.1. Objecto do direito de regresso: *todos os prejuízos causados pelo exercício dos direitos do consumidor* (n.° 1), independentemente de culpa, em nome da justiça que reclama a sua transferência do sujeito "irresponsável" para o responsável, verdadeiro e efectivo causador do defeito. Logo, tudo depende do direito exercido pelo consumidor e dos custos tidos pelo vendedor para lhe dar satisfação: se aquele exigiu a reparação ou substituição da coisa, será a despesa da reparação ou substituição; se aquele exigiu a redução do preço, será o montante da redução; se aquele exigiu a resolução do contrato, será o preço restituído, na íntegra se devolvida a coisa ao seu fornecedor.

Naturalmente, esta pretensão, independente de culpa, não impede o credor do regresso de poder exercer os direitos primários (reparação ou substituição da coisa; redução do preço ou resolução do contrato) de comprador de coisa defeituosa contra o seu *dante causa,* na dependência óbvia do pedido formulado pelo consumidor. Isto porque a lei quer, pela via do direito de regresso, a reintegração do prestado pelo vendedor final na satisfação do remédio feito valer pelo consumidor, por forma a colocar aquele na situação em que estaria sem a satisfação desse direito em resultado da garantia.

3.2. Noutros termos, *o direito de regresso como direito novo visa transferir o custo do remédio da garantia exercido pelo consumidor para o sujeito que na cadeia contratual distributiva haja efectivamente causado o defeito de conformidade.*

Não pode, por isso, o credor de regresso enriquecer através do seu exercício, mas apenas ser *compensado ou reparado* dos custos ou despesas por si suportados na satisfação do remédio feito valer pelo consumidor decorrente de um defeito que aquele realmente não causou, a evidenciar que a pretensão ressarcidora e a pretensão de reembolso não são propriamente cumuláveis... no mesmo objecto. Por exemplo: resolvido o contrato pelo consumidor, o exercício do direito de regresso de resolução acarreta o reembolso do preço da compra pago pelo titular, com a diferença entre este e o preço da venda a ser indemnizado, juntamente com outros custos (v.g., despesas de transporte), independentemente de culpa.

E não se vê por que razão consistente não há-de o vendedor final poder resolver o contrato com o seu fornecedor, devolvendo--lhe a coisa defeituosa: tal impossibilidade equivaleria a reconhecer ao seu fornecedor o *direito* de entregar *outra coisa* isenta de defeitos, com o correspondente *dever* de o credor de regresso a aceitar.

Mas tudo isto mostra como a palavra regresso vem aqui utilizada em sentido amplo e não técnico, assim como não é raro o uso impróprio do conceito de responsabilidade.

Numa palavra: *o direito de regresso "por todos os prejuízos causados pelo exercício daqueles direitos" (n.° 1) pode ser in natura* e/ou *por equivalente pecuniário.*

II. Anotação ao n.° 4

1. **Renunciabilidade condicionada do direito de regresso**

1.1. O direito de regresso não se apresenta imperativo aos olhos da lei: o n.° 4 permite aos profissionais, intermediários na cadeia distributiva, a conformação prévia do direito de regresso, embora condicione a liberdade contratual à atribuição de uma *compensação adequada* ao seu titular.

No considerando 9.° da Directiva não se fala de qualquer limitação à renunciabilidade do direito de regresso. Porém, a nossa lei não se satisfaz com o disposto no art. 809.° do Código Civil nem com o regime dos contratos de adesão (Decreto-Lei n.° 446/85, de 25 de Outubro) e impõe especificamente uma *compensação adequada* do afastamento do direito de regresso, na esteira do §478, n.° 4, do "novo" BGB: pensa acima de tudo no vendedor final, perante o qual os direitos do consumidor são imperativos (art. 10.°), e na "armadilha" em que cai pela renúncia ao direito de regresso se não contrabalançada adequadamente.

1.2. "Sem prejuízo do regime das cláusulas contratuais gerais" quer sobretudo significar a aplicação do princípio da boa fé (arts. 15.° e 16.° do Decreto-Lei n.° 446/85) como "metro elástico" da adequação da compensação fixada *ex ante* para a exclusão do direito de regresso.

ARTIGO 8.º
Exercício do direito de regresso

1 – O profissional pode exercer o direito de regresso na própria acção interposta pelo consumidor, aplicando-se, com as necessárias adaptações, o disposto no n.º 2 do artigo 329.º do Código de Processo Civil.

2 – O profissional goza do direito previsto no artigo anterior durante cinco anos a contar da entrega da coisa pelo profissional demandado.

3 – O profissional deve exercer o seu direito no prazo de dois meses a contar da data da satisfação do direito ao consumidor.

4 – O prazo previsto no n.º 2 suspende-se durante o processo em que o vendedor final seja parte.

I. ANOTAÇÃO AOS N.ºs 2, 3 E 4

1. **Prazos para o exercício do direito de regresso**

Pelo n.º 2, o prazo para o exercício do direito de regresso é de "cinco anos a contar da entrega da coisa pelo profissional demandado".

Que entrega? A entrega feita pelo profissional demandado ao profissional demandante, titular exercente do direito de regresso. Ou seja: o *direito de regresso deve ser exercido judicialmente no prazo de cinco anos a contar da data em que a coisa lhe foi entregue pelo seu fornecedor,* suspendendo-se esse prazo na pendência do processo em que aquele seja parte (n.º 4).

Pelo n.° 3, *o direito de regresso deve ser exercido judicialmente no prazo de dois meses a contar da data da satisfação do consumidor* – hipótese de o titular do regresso ser o vendedor final, por isso mesmo a dever ler-se mais amplamente: *o profissional deve exercer o seu direito de regresso no prazo de dois meses a contar da data da satisfação do direito ao seu comprador.*

Conjugando os dois prazos, temos: *o titular do direito de regresso deve exercê-lo judicialmente no prazo de dois meses, a contar da data em que dê satisfação ao seu adquirente, dentro de cinco anos a partir do momento em que a coisa lhe foi entregue pelo seu fornecedor.*

1.2. Este prolongamento dos prazos na cadeia recursória justifica-se plenamente, dada a necessidade de diferenciar a posição do consumidor da posição de qualquer comprador-intermediário.

Com efeito, sendo o *dies a quo* o da entrega da coisa ao comprador (art. 5.°, n.° 1), correr-se-ia o risco sério de se verificar a caducidade para um adquirente-intermediário e não para o adquirente final, com a consequência de este exigir o cumprimento da garantia sem aquele poder "descargar" todos os custos no seu *dante causa,* como é de elementar justiça.

Repare-se: o profissional compra para revenda, pode não estar em condições de "examinar" a coisa (pense-se em bens sigilados), pelo que só quando o consumidor reage fica a saber do defeito da coisa. Não se apresenta, por isso, justo o *dies a quo* no momento da entrega, sem mais, porquanto, ocorrendo a entrega da coisa ao intermediário antes da entrega ao consumidor, aquele poderia não mais estar em tempo de fazer valer a garantia contra o seu transmitente. Por isso, porque o direito de regresso só pode nascer com o cumprimento da garantia em face do comprador, justificam-se os dois meses contados desse adimplemento ou satisfação (n.° 3) *dentro* dos cinco anos (e sua suspensão – n.° 4) a partir da entrega da coisa.

II. ANOTAÇÃO AO N.º 1

1. A intervenção passiva provocada

O n.º 1 faculta ao empresário o exercício do direito de regresso logo na acção proposta pelo consumidor, nos termos do n.º 2 do art. 329.º do Código de Processo Civil.

Esta intervenção passiva, provocada pelo demandado, leva ínsita uma ideia de responsabilidade solidária dos intermediários-profissionais, *cogarantes* da responsabilidade e às vezes concausadores do defeito (cfr. *supra,* art. 6.º, anotação 1.1. aos n.os 1 e 3; João Calvão da Silva, *Compra e venda de coisas defeituosas, cit.,* n.º 78 e a *conclusão geral*; sobre o direito de regresso, mais amplamente, Paulo Mota Pinto, *O direito de regresso, cit.*; Rui Pinto Duarte, *O direito de regresso, cit.).*

ARTIGO 9.°
Garantias voluntárias

1 – *(Revogado pelo Decreto-Lei n.° 84/2008, de 21 de Maio.)*

2 – A declaração de garantia deve ser entregue ao consumidor por escrito ou em qualquer outro suporte duradouro a que aquele tenha acesso.

3 – A garantia, que deve ser redigida de forma clara e concisa na língua portuguesa, contém obrigatoriamente as seguintes menções:

- ***a*) Declaração de que o consumidor goza dos direitos previstos no presente decreto-lei, e na demais legislação aplicável, e de que tais direitos não são afectados pela garantia;**
- ***b*) A informação sobre o carácter gratuito ou oneroso da garantia e, neste último caso, a indicação dos encargos a suportar pelo consumidor;**
- ***c*) Os benefícios atribuídos ao consumidor por meio do exercício da garantia, bem como as condições para a atribuição destes benefícios, incluindo a enumeração de todos os encargos, nomeadamente aqueles relativos às despesas de transporte, de mão-de-obra e de material, e ainda os prazos e a forma de exercício da mesma;**
- ***d*) Duração e âmbito espacial da garantia;**
- ***e*) Firma ou nome e endereço postal, ou, se for o caso, electrónico, do autor da garantia que pode ser utilizado para o exercício desta.**

4 – Salvo declaração em contrário, os direitos resultantes da garantia transmitem-se para o adquirente da coisa.

5 – A violação do disposto nos n.os 2 e 3 do presente artigo não afecta a validade da garantia, podendo o consumidor continuar a invocá-la e a exigir a sua aplicação.

I. Anotação ao n.° 1

1. Vinculatividade da dita garantia legal e da garantia voluntária

A al. e) do n.° 2 do art. 1.° da Directiva 1999/44/CE define assim "garantia":

> "Qualquer compromisso assumido por um vendedor ou produtor perante o consumidor, sem encargos adicionais para este, de reembolsar o preço pago, substituir, reparar ou ocupar-se de qualquer modo de um bem de consumo, no caso de este não corresponder às condições enumeradas na declaração de garantia ou na respectiva publicidade".

A definição transcrita consta agora da al. f) do art. 1.°-B do novo Decreto-Lei de transposição, sob a terminologia "garantia legal", que é gratuita.

Mas a nova lei passou a definir também "*garantia voluntária*" (al. g) do art. 1.°-B), que pode ser gratuita ou onerosa (cfr. *supra,* respectiva anotação ao art. 1.°-B). Nesta dupla terminologia, não é correcta a epígrafe do art. 9.° (garantias voluntárias), já que a dita garantia legal é imperativa e não resulta da vontade do vendedor.

Correntemente oferecida contra qualquer defeito que possa manifestar-se durante determinado prazo (considerando n.° 21 da Directiva), a garantia comercial vincula juridicamente o seu autor, nas condições constantes da sua declaração e da publicidade correspondente (als. f) e g) do art. 1.°-B; art. 6.°, n.° 1, da Directiva).

Quer dizer, a Directiva e o Decreto-Lei de transposição não impõem a produtor ou vendedor-intermediário a obrigação de conceder garantia, mas, se voluntariamente concedida, o seu autor ou oferente fica vinculado nos termos da declaração e da respectiva publicidade. Encontramos, de novo, o *relevo negocial da publicidade agora pela sua integração na garantia comercial*, independentemente da qualificação jurídica desta como contrato ou promessa unilateral (cfr. João Calvão da Silva, *Responsabilidade civil do produtor, cit.*, n.° 60, p. 329 e segs.). Justificadamente, pois a publicidade relativa às garantias constitui o grande meio de comunicação com o mercado e potenciais adquirentes do produto, os quais querem confiar e fundar as suas razoáveis e legítimas expectativas nas informações difundidas e propagandeadas – relembre-se, neste sentido, o n.° 5 do art. 7.° da Lei de Defesa do Consumidor.

II. ANOTAÇÕES AOS N.ºs 2, 3 E 5

1. Transparência e complementaridade da garantia voluntária

A garantia *deve* – e não só a pedido do cliente, como no n.° 3 do art. 6.° da Directiva – *ser escrita* ou vertida noutro suporte duradouro a que o consumidor tenha acesso (n.° 2), nomeadamente, disquete informática, CD-Rom, DVD, o disco duro do computador pessoal do consumidor.

Por exigência do n.° 3, a garantia voluntária ou garantia comercial *deve* conter as informações elencadas nas alíneas a) a e), redigidas de forma *clara e concisa* em língua portuguesa, no sentido de *evidenciar ou transparentar a sua complementaridade relativamente à "garantia legal"* – e assim não induzir o consumidor em erro, não afectar a integridade do mercado ou a lealdade na concorrência (al. a)) – e estabelecer a sua gratuitidade ou onerosidade, neste caso com indicação dos encargos, o seu conteúdo ou benefícios (als. b) e c)), a sua duração e extensão territorial (al. d)), a firma ou o nome e o endereço postal ou electrónico do oferente (al. e)).

Para a garantia de bom funcionamento como complemento e adjuvante, não substitutivo da garantia legal, cfr. João Calvão da

Silva, *Responsabilidade civil do produtor, cit.*, n.° 44, p. 201 e segs., em que se reclama(va) texto legal a impor ao vendedor "a obrigação de informar o comprador ou consumidor dos seus direitos decorrentes da garantia legal e que evidencie a complementaridade das duas garantias" (p. 206), a fim de evitar que o consumidor confunda a garantia convencional com a garantia legal – no mesmo sentido, confere acórdão do STJ de 19/02/2004 (Processo 04B029): "a garantia de bom funcionamento é, pois, um *mais*, relativamente aos direitos conferidos pelo art. 914.° do Código Civil"; acórdão da Relação do Porto, de 19/02/2004 (Processo 0326797).

2. Consequências da não transparência da garantia voluntária

A violação das exigências referidas nos n.os 2 e 3 não afecta a validade da garantia comercial, podendo o consumidor invocá-la e pedir a sua aplicação (n.° 5).

Vale isto por dizer que o não respeito de qualquer aspecto da lei (n.os 2 e 3) não acarreta a nulidade da garantia comercial, pelo que o consumidor pode *in casu* tirar o efeito útil da sua aplicação.

Mas onde a garantia comercial, vertida em cláusulas gerais, não se apresente clara e pela sua ambiguidade seja susceptível de induzir o mercado e os consumidores em erro, designadamente porque o imperativo de transparência da sua natureza suplementar não vem observado, *pode haver lugar a responsabilidade civil, a acção inibitória* intentada por associações de defesa do consumidor, Instituto do Consumidor ou Ministério Público (arts. 10.° e 13.° da Lei de Defesa do Consumidor; arts. 25.° e 26.° do Decreto-Lei n.° 446/85) *e a eventuais sanções contra a concorrência desleal*.

Para as acções inibitórias em matéria de protecção dos interesses dos consumidores, *vide a Lei n.° 25/2004, de 8 de Julho*, que transpõe para a ordem jurídica interna a Directiva n.° 98/27/CE, do Parlamento Europeu e do Conselho, de 19 de Maio.

III. Anotação ao n.° 4

1. Transmissão da garantia a adquirentes sucessivos

O n.° 4 consagra a regra supletiva da transmissão da garantia voluntária ou garantia comercial aos adquirentes sucessivos da coisa, por forma a que o último comprador-consumidor possa exercer os seus direitos contra o autor da garantia oferecida.

Por esta *acção directa legal,* a garantia comercial (como que) reveste natureza real (*ob rem* ou *propter rem*) e acompanha o bem como seu acessório, se não houver declaração em contrário.

Já a transmissão de garantia legal aos terceiros adquirentes-consumidores é imperativa (art. 6.°, n.° 4).

ARTIGO 10.°
Imperatividade

1 – Sem prejuízo do regime das cláusulas contratuais gerais, é nulo o acordo ou cláusula contratual pelo qual antes da denúncia da falta de conformidade ao vendedor se excluam ou limitem os direitos do consumidor previstos no presente diploma.

2 – É aplicável à nulidade prevista no número anterior o disposto nos n.ºs 2 e 3 do artigo 16.° da Lei n.° 24/96, de 31 de Julho.

I. ANOTAÇÃO AO N.° 1

1. Inderrogabilidade ou irrenunciabilidade dos direitos do consumidor

O n.° 1 corresponde ao art. 7.°, n.° 1, da Directiva. Neles se consagram a inderrogabilidade das normas e a irrenunciabilidade prévia (*antes* da denúncia do defeito) do consumidor a qualquer dos direitos que as mesmas lhe facultam.

Natureza imperativa e irrenunciável ditada em nome da chamada ordem pública de protecção ou *ordem pública social,* para defesa da parte supostamente mais fraca (cfr. art. 16.°, n.° 1, da Lei n.° 24/96): "entre o forte e o fraco é a lei que liberta...". E porque "entre o forte e o fraco é a liberdade que oprime", também não vinculam o consumidor as cláusulas segundo as quais este teria conhecimento de qualquer falta de conformidade do bem existente no momento da celebração do contrato (considerando n.° 22 da Directiva), com a consequência de o vendedor não ficar liberado da prova do conhecimento pelo comprador do defeito ou de que não podia razoavelmente ignorá-lo (art. 2.°, n.° 3, da Directiva). *Vide* acórdão da Relação de Lisboa, de 8 de Maio de 2008 (Processo n.° 3611/ /2008-6).

A mais disso, o n.° 1 ressalva a aplicação do regime dos contratos de adesão ou cláusulas contratuais gerais (Decreto-Lei n.° 446/85).

II. Anotação ao n.° 2

1. Nulidade atípica

O n.° 2 manda aplicar à nulidade, com que sanciona a violação da imperatividade dos direitos do consumidor, o regime previsto nos n.os 2 e 3 do art. 16.° da Lei de Defesa do Consumidor.

Consequentemente, trata-se de uma *nulidade atípica,* invocável apenas pelo consumidor ou seus representantes (pense-se nas associações de defesa do consumidor), com possibilidade de manutenção do contrato.

Invocável apenas pelo consumidor, *não sendo de conhecimento oficioso pelo tribunal*.

Artigo 11.º
Limitação da escolha de lei

Se o contrato de compra e venda celebrado entre profissional e consumidor apresentar ligação estreita ao território dos Estados membros da União Europeia, a escolha, para reger o contrato, de uma lei de um Estado não membro que se revele menos favorável ao consumidor não lhe retira os direitos atribuídos pelo presente decreto-lei.

I. Anotação

1. Limite à designação da *lex contractus*

1.1. Este preceito corresponde ao n.º 2 do art. 7.º da Directiva. A protecção social do consumidor não será afastada pela escolha de lei de Estado terceiro aplicável ao contrato, sempre que este apresente conexão estreita com o território dos Estados-membros da Comunidade Europeia e a lei do país extracomunitário escolhida se revele menos favorável ao consumidor, privando-o da tutela assegurada pela presente lei.

1.2. Vejam-se os arts. 3.º, 5.º e 7.º da *Convenção de Roma de 1980 sobre a Lei Aplicável às Obrigações Contratuais,* e concluir-se-á como o poder de designar a *lex contractus* (art. 3.º) encontra, no artigo *sub annotatione,* um limite a favor do consumidor.

ARTIGO 12.°
Acções de informação

A Direcção-Geral do Consumidor deve promover acções destinadas a informar e deve incentivar as organizações profissionais a informarem os consumidores dos direitos que para eles resultam do presente decreto-lei.

I. ANOTAÇÃO

1. Direito à informação dos consumidores

1.1. Dispõe como segue o art. 9.° da Directiva 1999/44/CE:

> "Os Estados-membros tomarão as medidas necessárias para informar o consumidor sobre as disposições nacionais de transposição da presente directiva, e incentivarão, eventualmente, as organizações profissionais a informarem os consumidores dos seus direitos".

1.2. O legislador português incumbe a tarefa à Direcção-Geral do Consumidor, que sucedeu ao Instituto do Consumidor extinto pela Resolução do Conselho de Ministros n.° 39/2006, de 21 de Abril.

Nada mais natural, porquanto se trata do serviço central da administração directa do Estado, dotado de autonomia administrativa, destinado a promover a política de salvaguarda dos direitos dos consumidores, bem como a coordenar e executar as medidas tendentes à sua protecção, *informação* e educação e de apoio às organizações de consumidores (cfr. art. 2.° do Decreto Regulamentar n.° 57/2007, de 27 de Abril; Portaria n.° 536/2007, de 30 de Abril).

Desta sorte, dentro dos direitos dos consumidores constitucionalmente garantidos (art. 60.° da Constituição), ganha relevo na presente norma *o direito à informação,* incumbindo à Direcção-Geral do Consumidor promover as acções destinadas a informar os consumidores dos remédios resultantes da aquisição de produtos não conformes aos contratos por eles celebrados com empresários.

Artigo 12.°-A
Contra-ordenações

1 – Constituem contra-ordenações puníveis com a aplicação das seguintes coimas:

_a_) De € 50 a € 2500 e de € 500 a € 5000, consoante o infractor seja pessoa singular ou pessoa colectiva, a violação do disposto no n.° 2 do artigo 4.°;

_b_) De € 250 a € 3500 e de € 3500 a € 30 000, consoante o infractor seja pessoa singular ou pessoa colectiva, a violação do disposto no n.° 3 do artigo 9.°

2 – A negligência e a tentativa são puníveis sendo os limites mínimo e máximo das coimas aplicáveis reduzidos a metade.

I. Anotação

Sobre o ilícito de mera ordenação social, vide Decreto-Lei n.° 433/82, de 27 de Outubro (alterado pelo Decreto-Lei n.° 356/89, de 17 de Outubro, pelo Decreto-Lei n.° 244/95, de 14 de Setembro, pelo Decreto-Lei n.° 323/2001, de 17 de Dezembro, e pela Lei n.° 109/2001, de 24 de Dezembro).

Artigo 12.°-B
Sanções acessórias

1 – Quando a gravidade da infracção o justifique, podem ainda ser aplicadas, nos termos do regime geral das contra-ordenações, as seguintes sanções acessórias:

a) Encerramento temporário das instalações ou estabelecimentos;
b) Interdição do exercício da actividade;
c) Privação do direito a subsídio ou benefício outorgado por entidade ou serviço público.

2 – As sanções referidas no número anterior têm uma duração máxima de dois anos contados a partir da data da decisão condenatória definitiva.

I. Anotação

Para as sanções acessórias (das coimas fixadas no artigo anterior), cfr. art. 21.° e segs. do Decreto-Lei n.° 433/82, de 27 de Outubro (regime do ilícito de mera ordenação social).

Artigo 12.°-C
Fiscalização e instrução dos processos de contra-ordenação

1 – Compete à Autoridade de Segurança Alimentar e Económica (ASAE) fiscalizar a aplicação do disposto no presente decreto-lei, bem como instruir os processos de contra-ordenação previstos no artigo 12.°-A.

2 – Compete à Comissão de Aplicação de Coimas em Matéria Económica e de Publicidade (CACMEP) a aplicação das respectivas coimas e sanções acessórias.

3 – A receita das coimas reverte em:

***a*) 60% para o Estado;**
***b*) 30% para a ASAE;**
***c*) 10% para a CACMEP.**

4 – A CACMEP comunica ao Instituto da Construção e do Imobiliário, I. P., as decisões condenatórias, convertidas em definitivas ou transitadas em julgado, que condenem a empresa de construção pela prática da contra-ordenação prevista na alínea *a*) do n.° 1 do artigo 12.°-A, bem como aquelas que condenem a empresa de construção, ou qualquer outra entidade que exerça a actividade cuja regulação ou fiscalização incumba àquele Instituto, nas sanções acessórias previstas no artigo anterior.

I. Anotações

1. A *Autoridade de Segurança Alimentar e Económica (ASAE)* é um serviço central da administração directa do Estado, dotado de autonomia financeira (art. 1.° do Decreto-Lei n.° 274/2007, de 30 de Julho).

Compete à ASAE, *inter alia,* proceder à investigação e instrução de processos por contra-ordenação cuja competência lhe esteja legalmente atribuída, bem como arquivá-los sempre que se verificar que os factos constantes dos autos não constituem infracção ou não existam elementos de prova susceptíveis de imputar a prática da infracção a um determinado agente (art. 3.°, n.° 2, al. z), do Decreto-Lei n.° 274/2007).

A ASAE detém poderes de autoridade e é órgão de polícia criminal (art. 15.° do Decreto-Lei n.° 274/2007).

2. À *Comissão de Aplicação de Coimas em Matéria Económica e de Publicidade* compete a aplicação das coimas e sanções acessórias nos processos instruídos pela ASAE de acordo com o disposto no n.° 1, em conformidade com o Decreto-Lei n.° 143/2007, de 27 de Abril.

Integrada no Ministério da Economia e da Inovação, cabe à CACMEP a aplicação de coimas e sanções acessórias às contra-ordenações em matéria económica e de publicidade (art. 1.°, n.° 1, do Decreto-Lei n.° 143/2007). Para o efeito, compete-lhe deliberar sobre a aplicação da coima e eventual sanção acessória, o arquivamento do processo ou a sua remessa ao Ministério Público no caso de concluir pela existência de crime (art. 1.°, n.° 2, al. d), do Decreto-Lei n.° 143/2007).

3. *O Instituto da Construção e do Imobiliário, I.P.,* é um instituto público integrado na administração indirecta do Estado, dotado de autonomia administrativa, financeira e património próprio (art. 1.°, n.° 1, do Decreto-Lei n.° 144/2007, de 27 de Abril), que prossegue atribuições do Ministério das Obras Públicas, Transportes e Comunicações, sob superintendência e tutela do respectivo ministro (art. 1.°, n.° 2, do Decreto-Lei n.° 144/2007).

Este instituto tem por missão regular e fiscalizar o sector da construção e do imobiliário, dinamizar, supervisionar e regulamentar as actividades desenvolvidas neste sector, produzir informação estatística e análises sectoriais e assegurar a actuação coordenada do Estado no sector (art. 3.° do Decreto-Lei n.° 144/2007).

4. A receita das coimas reverte em 60% para o Estado, 30% para a ASAE e 10% para a CACMEP.

Artigo 13.°
Alterações à Lei de Defesa dos Consumidores

Os artigos 4.° e 12.° da Lei n.° 24/96, de 31 de Julho, passam a ter a seguinte redacção:

«Artigo 4.°

Direito à qualidade dos bens e serviços

Os bens e serviços destinados ao consumo devem ser aptos a satisfazer os fins a que se destinam e a produzir os efeitos que se lhes atribuem, segundo as normas legalmente estabelecidas, ou, na falta delas, de modo adequado às legítimas expectativas do consumidor.

Artigo 12.°

Direito à reparação de danos

1 – O consumidor tem direito à indemnização dos danos patrimoniais e não patrimoniais resultantes do fornecimento de bens ou prestações de serviços defeituosos.

2 – O produtor é responsável, independentemente de culpa, pelos danos causados por defeitos de produtos que coloque no mercado, nos termos da lei.»

I. Anotação

1. Anteriores redacções dos arts. 4.° e 12.° da Lei de Defesa do Consumidor

Eram as seguintes as anteriores redacções dos arts. 4.° e 12.° da Lei de Defesa do Consumidor:

ARTIGO 4.°
Direito à qualidade dos bens e serviços

1 – Os bens e serviços destinados ao consumo devem ser aptos a satisfazer os fins a que se destinam e produzir os efeitos que se lhes atribuem, segundo as normas legalmente estabelecidas, ou, na falta delas, de modo adequado às legítimas expectativas do consumidor.

2 – Sem prejuízo do estabelecimento de prazos mais favoráveis por convenção das partes ou pelos usos, o fornecedor de bens móveis não consumíveis está obrigado a garantir o seu bom estado e o seu bom funcionamento por período nunca inferior a um ano.

3 – O consumidor tem direito a uma garantia mínima de cinco anos para os imóveis.

4 – O decurso do prazo de garantia suspende-se durante o período de tempo em que o consumidor se achar privado do uso dos bens em virtude das operações de reparação resultantes de defeitos originários.

ARTIGO 12.°
Direito à reparação de danos

1 – O consumidor a quem seja fornecida a coisa com defeito, salvo se dele tivesse sido previamente informado e esclarecido antes da celebração do contrato, pode exigir, independentemente de culpa do fornecedor do bem, a reparação da coisa, a sua substituição, a redução do preço ou a resolução do contrato.

2 – O consumidor deve denunciar o defeito no prazo de 30 dias, caso se trate de bem móvel, ou de um ano, se se tratar de bem imóvel, após o seu conhecimento e dentro dos prazos de garantia previstos nos n.os 2 e 3 do artigo 4.° da presente lei.

3 – Os direitos conferidos ao consumidor nos termos do n.° 1 caducam findo qualquer dos prazos referidos no número anterior sem que o consumidor tenha feito a denúncia, ou decorridos sobre

esta seis meses, não se contando para o efeito o tempo despendido com as operações de reparação.

4 – Sem prejuízo do disposto no número anterior, o consumidor tem direito à indemnização dos danos patrimoniais e não patrimoniais resultantes do fornecimento de bens ou prestações de serviços defeituosos.

5 – O produtor é responsável, independentemente de culpa, pelos danos causados por defeitos de produtos que coloque no mercado, nos termos da lei.

ARTIGO 14.°
Entrada em vigor

1 – O presente diploma entra em vigor no dia seguinte ao da sua publicação, sem prejuízo do disposto no n.° 2.

2 – As normas previstas no artigo 9.° entram em vigor 90 dias após a publicação deste diploma.

I. ANOTAÇÕES

1. **Início de vigência**

Nos termos do art. 2.°, n.° 1, da Lei n.° 74/98, de 11 de Novembro (publicação, identificação e formulário dos diplomas), alterada pela Lei n.° 2/2005, de 24 de Janeiro,

> "Os actos legislativos e os outros actos de conteúdo genérico entram em vigor no dia neles fixado, não podendo, em caso algum, o início da vigência verificar-se no próprio dia da publicação".

Ao determinar a entrada em vigor do presente Decreto-Lei no dia seguinte ao da sua publicação, o legislador respeitou o n.° 1 do art. 2.° da Lei n.° 74/98.

2. ***Vacatio legis* para a garantia comercial**

Já quanto à garantia voluntária ou garantia comercial, o n.° 2 consagra uma *vacatio legis* de noventa dias (cfr. art. 5.°, n.° 2, do Código Civil).

Tempo tido por necessário e suficiente à preparação com vista a ulterior cumprimento do imperativo de transparência consagrado no art. 9.° para as declarações de garantia comercial, reforço da impropriamente dita garantia legal.

3. **Aplicação imediata (art. 297.°, n.° 2, do Código Civil)**

Na medida em que o Decreto-Lei n.° 67/2003 veio alongar prazos previstos na Lei de Defesa do Consumidor (Lei n.° 24/96) quanto à denúncia dos defeitos e à duração da garantia (*supra*, anotação ao art. 5.°), aplica-se o disposto no art. 297.°, n.° 2, do Código Civil:

> "A lei que fixar um prazo mais longo é igualmente aplicável aos prazos que já estejam em curso, mas computar-se-á neles todo o tempo decorrido desde o seu momento inicial".

Neste sentido, no sentido de que o prazo relevante é o novo prazo mais longo, contando-se todo o tempo decorrido, tem-se por decisiva a circunstância de a *doutrina do art. 297.° ser aplicável a todos os prazos legais, judiciais e administrativos, estabelecidos para qualquer efeito* (art. 297.°, n.° 1).

No fundo, o *novo Decreto-Lei n.° 67/2003 aplica-se imediatamente aos prazos que já e ainda estejam a correr*, contando-se obviamente o período de tempo já decorrido na vigência da lei antiga, sem ofensa ao princípio tradicional da não retroactividade das leis, no sentido de que só se aplicam para o futuro (art. 12.° do Código Civil).

Mas se transcorrido antes da entrada em vigor do Decreto-Lei n.° 67/2003 o prazo previsto na lei antiga, aquele será inaplicável.

ANEXO

DIRECTIVA 1999/44/CE DO PARLAMENTO EUROPEU E DO CONSELHO,

De 25 de Maio de 1999, relativa a certos aspectos Da venda de bens de consumo e das garantias a ela relativas (JOCE L 171, de 07/07/1999, p. 12-16)

O PARLAMENTO EUROPEU E O CONSELHO DA UNIÃO EUROPEIA,

Tendo em conta o Tratado que institui a Comunidade Europeia e, nomeadamente, o seu artigo 195.°,

Tendo em conta a proposta da Comissão[1],

Tendo em conta o parecer do Comité Económico e Social[2],

Deliberando nos termos do artigo 251.° do Tratado, de acordo com o projecto comum aprovado pelo Comité de Conciliação em 18 de Março de 1999[3],

(1) Considerando que o n.os 1 e 3 do artigo 153.° do Tratado estabelece que a Comunidade deve contribuir para a realização de um nível elevado de defesa dos consumidores através de medidas adoptadas nos termos do artigo 95.°;

---

[1] JO C 307 de 16.10.1996, p. 8, e JO C 148 de 14.5.1998, p. 12.

[2] JO C 66 de 3.3.1997, p. 5.

[3] Parecer do Parlamento. Europeu de 10 de Março de 1998 (JO C 104 de 6.4.1998, p. 30), posição comum do Conselho de 24 de Setembro de 1998 (JO C 333 de 30.10.1998, p. 46) e decisão do Parlamento Europeu de 17 de Dezembro de 1998 (JO C 98 de 9.4.1999, p. 226). Decisão do Parlamento Europeu de 7 de Maio de 1999. Decisão do Conselho de 17 de Maio de 1999.

(2) Considerando que o mercado interno comporta um espaço sem fronteiras internas no qual é assegurada a livre circulação de mercadorias, de pessoas, de serviços e de capitais; que a livre circulação de mercadorias não respeita apenas ao comércio profissional, mas também às transacções efectuadas pelos particulares; que implica que os consumidores residentes num Estado-Membro possam adquirir bens no território de outro Estado-Membro com base num conjunto mínimo de regras equitativas que regulem a venda de bens de consumo;

(3) Considerando que as legislações dos Estados-Membros respeitantes às vendas de bens de consumo apresentam muitas disparidades, daí resultando que os mercados nacionais de venda de bens de consumo difiram entre si e que se possam verificar distorções na concorrência entre os vendedores;

(4) Considerando que o consumidor que procura beneficiar das vantagens do grande mercado, comprando bens num Estado-Membro diverso do da sua residência, desempenha um papel fundamental na realização do mercado interno; que a criação artificial de fronteiras e a compartimentação dos mercados deve ser impedida; que as possibilidades de que dispõem os consumidores foram consideravelmente alargadas pelas novas tecnologias da comunicação, que permitem o acesso fácil a sistemas de distribuição de outros Estados-Membros ou de países terceiros; que, na ausência de harmonização mínima das regras relativas à venda de bens de consumo, o desenvolvimento da venda de bens por via das novas tecnologias da comunicação à distância corre o risco de ser entravado;

(5) Considerando que a criação de um corpo mínimo comum de direito do consumo, válido independentemente do local de aquisição dos bens na Comunidade, reforçará a confiança dos consumidores e permitir-lhes-á beneficiar mais das vantagens do mercado interno;

(6) Considerando que as principais dificuldades encontradas pelos consumidores, e a principal fonte de conflitos com os vendedores, se referem à não conformidade dos bens com o contrato; que convém, portanto, aproximar as legislações nacionais relativas à venda de bens de consumo sob este aspecto, sem todavia pre-

judicar as disposições e os princípios das legislações nacionais relativas aos regimes de responsabilidade contratual e extra-contratual;

(7) Considerando que os bens devem, antes de mais, ser conformes às cláusulas contratuais; que o princípio de conformidade com o contrato pode ser considerado como uma base comum às diferentes tradições jurídicas nacionais; que em determinadas tradições jurídicas nacionais nem sempre é possível confiar unicamente neste princípio para garantir aos consumidores um nível mínimo de protecção; que, especialmente nessas tradições jurídicas, podem ser úteis disposições nacionais suplementares destinadas a garantir a protecção dos consumidores nos casos em que as partes não acordaram em cláusulas contratuais específicas ou em que as partes acordaram em cláusulas ou firmaram acordos que directa ou indirectamente anulam ou restringem os direitos dos consumidores e que, na medida em que esses direitos resultem da presente directiva, não são vinculativos para os consumidores;

(8) Considerando que, para facilitar a aplicação do princípio de conformidade com o contrato, é útil introduzir uma presunção ilidível de conformidade com este, que abranja as situações mais correntes; que essa presunção não restringe o princípio da liberdade contratual das partes; que, além disso, na inexistência de cláusulas contratuais específicas, bem como no caso de aplicação da cláusula da protecção mínima, os elementos que constituem essa presunção podem servir para determinar a não conformidade dos bens com o contrato; que a qualidade e o comportamento que os consumidores podem razoavelmente esperar dependerá, nomeadamente, do facto de os bens serem em primeira ou em segunda mão; que os elementos que constituem a presunção são cumulativos; que, se as circunstâncias do caso tornarem qualquer elemento específico manifestamente inapropriado, continuarão, não obstante, a ser aplicáveis os restantes elementos da presunção;

(9) Considerando que o vendedor deve ser directamente responsável perante o consumidor pela conformidade dos bens com o contrato; que é essa a solução tradicional consagrada na ordem jurídica dos Estados-Membros; que, não obstante, o vendedor, nos

termos do direito nacional, deve gozar de um direito de reparação perante o produtor, um vendedor anterior da mesma cadeia contratual, ou qualquer outro intermediário, salvo se tiver renunciado a esse direito; que a presente directiva não prejudica o princípio da liberdade contratual entre o vendedor, o produtor, um vendedor anterior ou qualquer outro intermediário; que as normas que regem o modo como o vendedor pode exercer esse direito de reparação são determinadas pela legislação nacional;

(10) Considerando que, em caso de não conformidade do bem com o contrato, os consumidores devem ter o direito de obter que os bens sejam tornados conformes com ele sem encargos, podendo escolher entre a reparação ou a substituição, ou, se isso não for possível, a redução do preço ou a rescisão do contrato;

(11) Considerando desde logo que os consumidores podem exigir do vendedor a reparação ou a substituição do bem, a menos que isso se revele impossível ou desproporcionado; que, a desproporção deve ser determinada objectivamente; que uma solução é desproporcionada se impuser custos excessivos em relação à outra solução; que, para que os custos sejam excessivos, devem ser significativamente mais elevados que os da outra forma de reparação do prejuízo;

(12) Considerando que, em caso de falta de conformidade, o vendedor pode sempre oferecer ao consumidor, como solução, qualquer outra forma de reparação possível; que compete ao consumidor decidir se aceita ou rejeita essa proposta;

(13) Considerando que, a fim de permitir que os consumidores beneficiem do mercado interno e a comprarem bens de consumo num outro Estado-Membro, dever-se-á recomendar que, no interesse dos consumidores, os produtores de bens de consumo comercializados em diversos Estados-Membros juntem ao produto uma lista indicando, pelo menos, um endereço de contacto em cada Estado-Membro em que o produto for comercializado;

(14) Considerando que as referências à data de entrega não implicam que os Estados-Membros devam alterar as suas normas sobre transferência do risco;

(15) Considerando que os Estados-Membros podem dispor no sentido de que qualquer reembolso ao consumidor possa ser redu-

zido, de modo a ter em conta a utilização que o consumidor fez dos produtos a partir do momento em que lhe foram entregues; que as disposições de pormenor mediante as quais a rescisão do contrato ganha efeito podem ser fixadas na legislação nacional;

(16) Considerando que a natureza específica dos produtos em segunda mão torna, de modo geral, impossível a sua reposição; que, por isso, o direito do consumidor à substituição não é, em geral, aplicável a esses produtos; que, os Estados-Membros, quanto a esses produtos, podem permitir que as partes acordem num prazo de responsabilidade mais curto;

(17) Considerando que se deve encurtar o prazo durante o qual o vendedor é responsável por qualquer falta de conformidade existente no momento da entrega dos bens; que os Estados-Membros podem igualmente prever a limitação do prazo durante o qual os consumidores podem exercer os seus direitos, desde que não expire nos dois anos seguintes ao momento da entrega; que, quando, nos termos de uma legislação nacional, a data em que o prazo se inicia não seja a data de entrega dos bens, a duração total do prazo previsto nessa legislação nacional não pode ser inferior a dois anos a contar da data de entrega;

(18) Considerando que os Estados-Membros podem prever a suspensão ou o reinício do prazo durante o qual a falta de conformidade se deverá manifestar e do prazo de prescrição, quando aplicáveis, nos termos das respectivas legislações nacionais, em caso de reparação, de substituição ou de negociações entre o vendedor e o consumidor com vista a uma solução amigável;

(19) Considerando que os Estados-Membros devem poder fixar um prazo durante o qual os consumidores devem informar o vendedor de qualquer falta de conformidade; que os Estados-Membros podem assegurar aos consumidores um nível de protecção mais elevado não introduzindo uma obrigação desse tipo; que, de qualquer modo, os consumidores comunitários devem dispor de, pelo menos, dois meses para informar o vendedor da existência da falta de conformidade;

(20) Considerando que os Estados-Membros devem agir de modo a que esse prazo não coloque em desvantagem os consumidores que adquiram bens além-fronteiras; que todos os Estados-Mem-

bros devem informar a Comissão sobre o modo como aplicam esta disposição; que a Comissão deve controlar o efeito das diferentes aplicações desta disposição sobre os consumidores e no mercado interno; que as informações sobre o modo como os Estados-Membros as aplicam devem estar disponíveis para os restantes Estados-Membros, para os consumidores e para as organizações de consumidores em toda a Comunidade; que uma síntese da situação em todos os Estados-Membros deve, pois, ser publicada no Jornal Oficial das Comunidades Europeias;

(21) Considerando que, quanto a determinadas categorias de bens, é prática corrente os vendedores e os produtores oferecerem garantias contra qualquer defeito que possa manifestar-se durante determinado prazo; que esta prática pode estimular a concorrência; que, constituindo embora práticas comerciais legítimas, essas garantias não devem induzir os consumidores em erro; que, para assegurar este objectivo, as garantias devem conter determinadas informações, incluindo uma declaração de que a garantia não afecta os direitos legais dos consumidores;

(22) Considerando que as partes não podem, por acordo mútuo, restringir ou renunciar aos direitos reconhecidos aos consumidores, uma vez que dessa forma estariam a viciar a protecção jurídica concedida; que este princípio deve aplicar-se igualmente às cláusulas segundo as quais o consumidor teria conhecimento de qualquer falta de conformidade dos bens de consumo existente no momento em que celebrou o contrato; que a protecção reconhecida aos consumidores nos termos da presente directiva não deve ser reduzida com fundamento em que a lei de um Estado não membro foi escolhida como lei aplicável ao contrato;

(23) Considerando que a legislação e a jurisprudência neste domínio revelam, nos diferentes Estados-Membros, a existência de uma preocupação crescente em garantir um elevado nível de protecção dos consumidores; que, atendendo a esta evolução e à experiência adquirida com a aplicação da presente directiva, poderá ser necessário considerar um grau mais elevado de harmonização e prever, nomeadamente, a responsabilidade directa do produtor pelos defeitos de que é responsável;

(24) Considerando que os Estados-Membros devem dispor da faculdade de adoptar ou de manter, no domínio regulado pela presente directiva, disposições mais estritas, com o objectivo de garantir um nível mais elevado de protecção dos consumidores;

(25) Considerando que, segundo a recomendação da Comissão, de 30 de Março de 1998, relativa aos princípios aplicáveis aos organismos responsáveis pela resolução extrajudicial de litígios de consumo[4], os Estados-Membros podem criar organismos que garantam um tratamento imparcial e eficaz das queixas num contexto nacional e transfronteiras e a que os consumidores possam recorrer como mediadores;

(26) Considerando que, para a defesa dos interesses colectivos dos consumidores, é conveniente aditar a presente directiva à lista de directivas enunciada no anexo da Directiva 98/27/CE do Parlamento Europeu e do Conselho, de 19 de Maio de 1988, relativa às acções inibitórias em matéria de protecção dos interesses dos consumidores[5],

ADOPTARAM A PRESENTE DIRECTIVA:

Artigo 1.°
Âmbito de aplicação e definições

1. A presente directiva tem por objectivo a aproximação das disposições legislativas, regulamentares e administrativas dos Estados-Membros relativas a certos aspectos da venda de bens de consumo e das garantias a ela relativas, com vista a assegurar um nível mínimo uniforme de defesa dos consumidores no contexto do mercado interno.

2. Para efeitos da presente directiva, entende-se por:

a) Consumidor: qualquer pessoa singular que, nos contratos abrangidos pela presente directiva, actue com objectivos alheios à sua actividade comercial ou profissional;

---

[4] JO L 115 de 17.4.1998, p. 31.

[5] JO L 166 de 11.6.1998, p. 51.

b) Bem de consumo: qualquer bem móvel corpóreo, com excepção:
   – Dos bens vendidos por via de penhora, ou qualquer outra forma de execução judicial,
   – Da água e do gás, quando não forem postos à venda em volume delimitado, ou em quantidade determinada,
   – Da electricidade;

c) Vendedor: qualquer pessoa singular ou colectiva que, ao abrigo de um contrato, vende bens de consumo no âmbito da sua actividade profissional;

d) Produtor: o fabricante de um bem de consumo, o importador do bem de consumo no território da Comunidade ou qualquer outra pessoa que se apresente como produtor através da indicação do seu nome, marca ou outro sinal identificador no produto;

e) Garantia: qualquer compromisso assumido por um vendedor ou um produtor perante o consumidor, sem encargos adicionais para este, de reembolsar o preço pago, substituir, reparar ou ocupar-se de qualquer modo de um bem de consumo, no caso de este não corresponder às condições enumeradas na declaração de garantia ou na respectiva publicidade;

f) Reparação: em caso de falta de conformidade, a reposição do bem de consumo em conformidade com o contrato de compra e venda.

3. Os Estados-Membros podem prever que a definição de "bem de consumo" não abranja os bens em segunda mão adquiridos em leilão, quando os consumidores tenham oportunidade de assistir pessoalmente à venda.

4. Para efeitos da presente directiva, são igualmente considerados contratos de compra e venda os contratos de fornecimento de bens de consumo a fabricar ou a produzir.

Artigo 2.°
Conformidade com o contrato

1. O vendedor tem o dever de entregar ao consumidor bens que sejam conformes com o contrato de compra e venda.

2. Presume-se que os bens de consumo são conformes com o contrato, se:

a) Forem conformes com a descrição que deles é feita pelo vendedor e possuírem as qualidades do bem que o vendedor tenha apresentado ao consumidor como amostra ou modelo;
b) Forem adequados ao uso específico para o qual o consumidor os destine e do qual tenha informado o vendedor quando celebrou o contrato e que o mesmo tenha aceite;
c) Forem adequados às utilizações habitualmente dadas aos bens do mesmo tipo;
d) Apresentarem as qualidades e o desempenho habituais nos bens do mesmo tipo e que o consumidor pode razoavelmente esperar, atendendo à natureza do bem e, eventualmente às declarações públicas sobre as suas características concretas feitas pelo vendedor, pelo produtor ou pelo seu representante, nomeadamente na publicidade ou na rotulagem.

3. Não se considera existir falta de conformidade, na acepção do presente artigo, se, no momento em que for celebrado o contrato, o consumidor tiver conhecimento dessa falta de conformidade ou não puder razoavelmente ignorá-la ou se esta decorrer dos materiais fornecidos pelo consumidor.

4. O vendedor não fica vinculado pelas declarações públicas a que se refere a alínea d) do n.º 2, se:

– Demonstrar que não tinha conhecimento nem podia razoavelmente ter conhecimento da declaração em causa,
– Demonstrar que, até ao momento da celebração do contrato, a declaração em causa fora corrigida, ou
– Demonstrar que a decisão de comprar o bem de consumo não poderia ter sido influenciada pela declaração em causa.

5. Presume-se que a falta de conformidade resultante de má instalação do bem de consumo é equiparada a uma falta de conformidade do bem quando a instalação fizer parte do contrato de compra e venda e tiver sido efectuada pelo vendedor, ou sob sua responsabilidade, ou quando o produto, que se prevê seja instalado pelo consumidor, for instalado pelo consumidor e a má instalação se dever a incorrecções existentes nas instruções de montagem.

ARTIGO 3.°
Direitos do consumidor

1. O vendedor responde perante o consumidor por qualquer falta de conformidade que exista no momento em que o bem lhe é entregue.

2. Em caso de falta de conformidade, o consumidor tem direito a que a conformidade do bem seja reposta sem encargos, por meio de reparação ou de substituição, nos termos do n.° 3, a uma redução adequada do preço, ou à rescisão do contrato no que respeita a esse bem, nos termos dos n.os 5 e 6.

3. Em primeiro lugar, o consumidor pode exigir do vendedor a reparação ou a substituição do bem, em qualquer dos casos sem encargos, a menos que isso seja impossível ou desproporcionado.

Presume-se que uma solução é desproporcionada se implicar para o vendedor custos que, em comparação com a outra solução, não sejam razoáveis, tendo em conta:

- O valor que o bem teria se não existisse falta de conformidade,
- A importância da falta de conformidade,
- A possibilidade de a solução alternativa ser concretizada sem grave inconveniente para o consumidor.

A reparação ou substituição deve ser realizada dentro de um prazo razoável, e sem grave inconveniente para o consumidor, tendo em conta a natureza do bem e o fim a que o consumidor o destina.

4. A expressão "sem encargos" constante dos n.os 2 e 3 reporta-se às despesas necessárias incorridas para repor o bem em conformidade, designadamente as despesas de transporte, de mão-de-obra e material.

5. O consumidor pode exigir uma redução adequada do preço, ou a rescisão do contrato:

- Se o consumidor não tiver direito a reparação nem a substituição, ou
- Se o vendedor não tiver encontrado uma solução num prazo razoável, ou
- Se o vendedor não tiver encontrado uma solução sem grave inconveniente para o consumidor.

6. O consumidor não tem direito à rescisão do contrato se a falta de conformidade for insignificante.

Artigo 4.°
Direito de regresso

Quando o vendedor final for responsável perante o consumidor pela falta de conformidade resultante de um acto ou omissão do produtor, de um vendedor anterior da mesma cadeia contratual, ou de qualquer outro intermediário, o vendedor final tem direito de regresso contra a pessoa ou pessoas responsáveis da cadeia contratual. O responsável ou os responsáveis contra quem o vendedor final tem direito de regresso, bem como as correspondentes acções e condições de exercício, são determinados pela legislação nacional.

Artigo 5.°
Prazos

1. O vendedor é responsável, nos termos do artigo 3.°, quando a falta de conformidade se manifestar dentro de um prazo de dois anos a contar da entrega do bem. Se, por força da legislação nacional, os direitos previstos no n.° 2 do artigo 3.° estiverem sujeitos a um prazo de caducidade, esse prazo não poderá ser inferior a dois anos a contar da data da entrega.

2. Os Estados-Membros podem determinar que, para usufruir dos seus direitos, o consumidor deve informar o vendedor da falta de conformidade num prazo de dois meses a contar da data em que esta tenha sido detectada.

Os Estados-Membros devem informar a Comissão da aplicação que derem ao presente número. A Comissão controlará as consequências, para o consumidor e o mercado interno, da possibilidade assim oferecida aos Estados-Membros.

O mais tardar até 7 de Janeiro de 2003, a Comissão elaborará um relatório sobre a aplicação que os Estados-Membros fazem do presente parágrafo. Esse relatório será publicado no Jornal Oficial das Comunidades Europeias.

3. Até prova em contrário, presume-se que as faltas de conformidade que se manifestem num prazo de seis meses a contar da data de entrega do bem já existiam nessa data, salvo quando essa presunção for incompatível com a natureza do bem, ou com as características da falta de conformidade.

Artigo 6.º
Garantias

1. As garantias vinculam juridicamente as pessoas que as oferecem, nas condições constantes da declaração de garantia e da publicidade correspondentes.

2. As garantias devem:

- Declarar que o consumidor goza dos direitos previstos na legislação nacional aplicável em matéria de compra e venda de bens de consumo e especificar que esses direitos não são afectados pela garantia,
- Estabelecer, em linguagem clara e concisa, o conteúdo da garantia e os elementos necessários à sua aplicação, nomeadamente a duração e a extensão territorial dela, bem como o nome e o endereço da pessoa que oferece a garantia.

3. A pedido do consumidor, a garantia deverá ser-lhe facultada numa versão escrita, ou sob qualquer outra forma duradoura disponível e à qual tenha acesso.

4. O Estado-Membro em que os bens de consumo são comercializados pode, nos termos do Tratado, impor no seu território que a garantia seja redigida numa ou em várias línguas por ele determinadas, entre as línguas oficiais da Comunidade.

5. Se uma garantia não obedecer aos requisitos dos n.os 2, 3 ou 4, a validade dessa garantia não será afectada por esse facto, podendo o consumidor continuar a invocá-la e a exigir a sua aplicação.

Artigo 7.º
Carácter vinculativo

1. As cláusulas contratuais e os acordos celebrados com o vendedor antes da falta de conformidade lhe ser comunicada que, directa ou indirectamente, excluam ou limitem os direitos resultantes da presente directiva não vinculam, nos termos previstos na legislação nacional, o consumidor.

Os Estados-Membros podem determinar que, no caso de bens em segunda mão, o vendedor e o consumidor possam acordar em cláusulas contratuais ou celebrar acordos que prevejam um prazo de responsabilidade do vendedor mais curto que o estabelecido no n.° 1 do artigo 5.°. O prazo assim previsto não pode ser inferior a um ano.

2. Os Estados-Membros adoptarão as medidas necessárias para que o consumidor não seja privado da protecção resultante da presente directiva pelo facto de ter escolhido, como direito aplicável ao contrato, a legislação de um Estado não membro, quando o contrato apresente uma conexão estreita com o território dos Estados-Membros.

Artigo 8.°
Direito nacional e protecção mínima

1. O exercício dos direitos resultantes da presente directiva não prejudica o exercício de outros direitos que o consumidor possa invocar ao abrigo de outras disposições nacionais relativas à responsabilidade contratual ou extracontratual.

2. Os Estados-Membros podem adoptar ou manter, no domínio regido pela presente directiva, disposições mais estritas, compatíveis com o Tratado, com o objectivo de garantir um nível mais elevado de protecção do consumidor.

Artigo 9.°

Os Estados-Membros tomarão as medidas necessárias para informar o consumidor sobre as disposições nacionais de transposição da presente directiva, e incentivarão, eventualmente, as organizações profissionais a informarem os consumidores dos seus direitos.

Artigo 10.°

O anexo da Directiva 98/27/CE será complementado do modo seguinte:

"10. Directiva 99/44/CE do Parlamento Europeu e do Conselho, de 25 de Maio de 1999, relativa a certos aspectos da venda de bens de consumo e das garantias a elas relativas (JO L 171 de 7.7.1999, p. 12).".

ARTIGO 11.°
Transposição

1. Os Estados-Membros adoptarão as disposições legislativas, regulamentares e administrativas necessárias para darem cumprimento à presente directiva o mais tardar em 1 de Janeiro de 2002. Desse facto informarão imediatamente a Comissão.

Quando os Estados-Membros adoptarem essas disposições, estas deverão incluir uma referência à presente directiva ou ser acompanhadas dessa referência na publicação oficial. As modalidades dessa referência serão estabelecidas pelos Estados-Membros.

2. Os Estados-Membros comunicarão à Comissão o texto das disposições de direito interno que adoptarem no domínio abrangido pela presente directiva.

ARTIGO 12.°
Revisão

O mais tardar até 7 de Julho de 2006, a Comissão examinará a aplicação da presente directiva e apresentará um relatório ao Parlamento Europeu e ao Conselho. O relatório abordará, designadamente, a questão da eventual introdução da responsabilidade directa do produtor e, se necessário, será acompanhado de propostas.

ARTIGO 13.°
Entrada em vigor

A presente directiva entra em vigor no dia da sua publicação no Jornal Oficial das Comunidades Europeias.

ARTIGO 14.°

Os Estados-Membros são destinatários da presente directiva.

Feito em Bruxelas, em 25 de Maio de 1999.

Pelo Parlamento Europeu	Pelo Conselho
O Presidente	*O Presidente*
J. M. GIL-ROBLES	H. EICHEL

ÍNDICE

DECRETO-LEI N.° 67/2003, DE 8 DE ABRIL (ALTERADO PELO DECRETO-LEI N.° 84/2008, DE 21 DE MAIO)

NOTA INTRODUTÓRIA

NATUREZA CIVIL DA VENDA ENTRE PROFISSIONAL E CONSUMIDOR

COMENTÁRIO

ARTIGO 1.°
Objectivo e âmbito de aplicação

ARTIGO 5.º
Prazo da Garantia

ARTIGO 5.º-A
Prazo para exercício de dieitos

Artigo 9.°
Garantias voluntárias

Artigo 10.°
Imperatividade

Artigo 11.°
Limitação da escolha de lei

Artigo 12.°
Acções de informação

ANEXO